Manual de viticultura, enología y cata

MANUEL MARÍA LÓPEZ ALEJANDRE

Manual de viticultura, enología y cata

℘
ALMUZARA

© Manuel María López Alejandre, 2007
© Editorial Almuzara, s.l., 2007
© Fotografías: Consejos Reguladores Vitivinícolas y archivo del autor.

1ª edición: septiembre de 2007
2ª edición: junio de 2010
1ª reimpresión: noviembre de 2011

Editorial Almuzara - Colección Enología
Director editorial: Antonio E. Cuesta López
www.editorialalmuzara.com
pedidos@editorialalmuzara.com - info@editorialalmuzara.com

Imprime: Gráficas La Paz
I.S.B.N: 978-84-92924-32-5
Depósito Legal: J-610-2010
Hecho e impreso en España - *Made and printed in Spain*

ÍNDICE

NOTA DEL EDITOR...11

INTRODUCCIÓN...13

I. LOS DIOSES DEL VINO...15
La cuna y el simbolismo de Dyonisos: el consumo moderado...16
Una romántica versión del origen del vino.............................20
El origen real del vino..22
El vino en Egipto...23
El vino en la Biblia..24
La expansión por Europa y otra versión mitológica de su
nacimiento 26
La Península Ibérica..28
La vid y el vino durante la dominación visigoda.....................32
El vino en la España musulmana 33
La Reconquista 35
Influencia del vino en las artes, en la literatura, en la música, en
las ciencias… 37
Consideraciones finales... 44

II. LAS VIÑAS...47
Ciclo anual de la vid 50
La poda 53
Accidentes, plagas y enfermedades de la vid..........................56
Enfermedades criptogámicas 61
Principales variedades de viníferas...63
Las variedades españolas más conocidas................................65
Variedades internacionales más conocidas 76

III. LA ELABORACIÓN DEL VINO 81
El lagar 83
Las levaduras..85

El desfangado y la corrección de los mostos 87
La acidificación... 88
La chaptalización...89
La desacidificación 90
Dos milenarias prácticas enológicas: el soleo y el enyesado...... 90
El anhídrido sulfuroso...93
Los depósitos de fermentación.....................................95
Tipos de fermentación: blanco, rosado, clarete y tinto 99
Otros tipos de fermentación.......................................106

IV. LOS ESPUMOSOS Y LOS PEDRO XIMÉNEZ................... 111
Los vinos espumosos 111
El vino base 115
Espumoso de fermentación en botella y granvás....................119
Los vinos de aguja 120
Vinos espumosos gasificados 120
El dulce Pedro Ximénez...121
La elaboración 121
La crianza..123

V. ARQUETIPOS DE CRIANZA 125
El sistema andaluz para la crianza de los vinos tradicionales..126
Comienza la crianza 127
La crianza oxidativa 131
En los vinos generosos no existe el concepto añada................134
El sistema de criaderas y soleras.................................134
La crianza de blancos y tintos......................................140
La fermentación y crianza de vinos blancos en barrica...........142
La crianza en botella 143
Cómo y cuánto tiempo puede guardarse la botella.................145

VI. ACCIDENTES Y ENFERMEDADES DE LOS VINOS 147
Clarificación y estabilización 147
Las quiebras 149
Las enfermedades..151
La clarificación y estabilización de los vinos 154

8

La clarificación con bentonita y con productos de origen orgánico: los encolados 155
La refrigeración 157
La goma arábiga y el ácido metatártrico 158
La filtración 158
El embotellado 159

VII. LA CATA DE VINOS 161
La Enología y la Cata 163
La copa 165
Otros recipientes para catar 166
Las dos escuelas francesas de cata 168
Orden de la cata 168
La cata visual 170
La cata olfativa 175
Las vías olfativas y la clasificación de los aromas 178
El vino en la copa 182
La fase gustativa 183
Orígenes de los sabores del vino 185
Las sensaciones táctiles 187
Orden y temperatura de cata 188
¿Qué entendemos por *chambrer*? 190
La decantación 192
Cuidados y servicio del vino 192
«Catar es leer en el vino deletreando las sílabas» 193

APÉNDICE. LA VITIVINICULTURA EN AMÉRICA 197
Méjico y California 198
Perú 202
Chile 205
Argentina 211
Cuyo 212
Los precursores 213
La construcción del ferrocarril a Buenos Aires 215

BIBLIOGRAFÍA 219

NOTA DEL EDITOR

El vino es mucho más que un alimento o que una simple bebida alcohólica. Desde el origen de los tiempos, la humanidad veneró su naturaleza espiritual. Beber vino significaba comulgar con la tierra que lo criaba, compartir fraternidad con los que lo consumían, y venerar desde la alegría al Dios que lo hizo posible. Miles de años después, el vino sigue siendo el mismo elixir de la alegría, de la amistad, de la seducción, y de la comunión íntima con el alma de la tierra. Es el grito hermoso que la naturaleza ofrenda a la vida. Ante la vastedad de su esencia y naturaleza, ¿quién podría cantarlo adecuadamente? Para entender de vino no resulta suficiente la erudición enológica, ni siquiera los años de experiencia profesional. Para llegar a entender su alma es preciso conocer también la de los hombres que lo producen y consumen. Que en las entrañas de todos los grandes enólogos debe habitar un humanista irredento que exhale ganas de vivir y que sepa contagiarla. Que el vino es vida, y, en estos tiempos de desazón, luz clara de esperanza.

Queríamos publicar el mejor manual de enología básica. Que ilustrara a los nuevos, refrescara a los expertos, sirviera de criadera y alimentara las soleras. Y tuvimos la fortuna de que Manuel López Alejandre aceptara el reto de escribirlo. Conocemos a muchas de las buenas gentes del vino, y en pocos de ellos se aúnan las virtudes que adornan a nuestro autor. Lo conoce todo del vino, es uno de los sumos sacerdotes de su cata, de la que sabe extraer sus secretos más ocultos. Lleva muchos años dedicándose profesionalmente a la enología, y tiene talento para la enseñanza. Generaciones de profesionales del vino han pasado bajo su magisterio. Pero, por encima de eso, Manuel López Alejandre atesora un enorme corazón de humanista que regala generoso a todo el que se le arrima. Ama el vino y ama la vida. Reza con su sonrisa, trabaja con su optimismo, alimenta con su conversación. La editorial Almuzara se siente feliz y orgullosa por su firma y compromiso. Dentro de muchos años, su obra seguirá siendo leída y consultada en las páginas de nuestro sello.

¡Gracias, Manolo, por compartir tu sabiduría, tu alegría y tus ganas de vivir con todos tus lectores! Levantemos el libro y brindemos en honor de la universal cofradía de los amantes del vino, para los que siempre, siempre, y a pesar de todos sus avatares, la vida será hermosa y merecerá la pena de ser apurarla. Como el contenido de esa copa que siempre tendrás entre tus manos y que haces mágica con la alquimia de tus palabras.

Manuel Pimentel Siles

INTRODUCCIÓN

Ningún otro fruto de la naturaleza se encuentra dotado, como le ocurre a la uva, de unas características tan múltiples y diversas que favorezcan su consumo en muchas y muy variadas formas de presentación. Entre ellas, la del zumo fermentado y envejecido que ha venido dando origen a lo largo de la historia a las innumerables variedades de vino que existen en los tiempos actuales por todas las geografías de nuestro planeta, con las cuales, por imperio de las modernas formas de vida —turismo, comunicaciones, intercambios culturales por citar sólo algunas— los seres humanos del presente siglo, antes o después, entraremos en contacto.

Por todo ello, entender, conocer, valorar, localizar y saber degustar los diferentes vinos se ha convertido, en nuestra civilización, no sólo en una cuestión agradable y placentera o una imposición social más o menos arribista, sino en una necesidad formativa que nos obliga a introducirnos en el conocimiento de una cultura ancestral que se impone con su presencia diaria en nuestras vidas; sobre todo, teniendo en cuenta que quien más y mejor disfruta de una obra de arte —y sin duda alguna un buen vino lo es— es aquel que más datos logra reunir acerca de todos los aspectos relacionados con su creación, ejecución, autores... y ha podido desarrollar la máxima sensibilidad que se requiere para captar las excelencias de la referida obra.

CAPÍTULO I

LOS DIOSES DEL VINO

«El vino era un dios; antes de ser un problema administrativo el vino era un dios.» La frase es de Ortega y Gasset, uno de los grandes defensores del vino y de su legado, de su ancestral cultura que va unida a los más remotos orígenes de la civilización mediterránea. Tan dios era que su nacimiento mediterráneo va unido al mito de Dyonisos, cuyo origen hay que buscarlo en los pueblos indogermánicos de Asia.

El Dyonisos griego es el Sabacios frigio, hijo de la diosa Ma —la Naturaleza— y nieto de Cronos y Rea. A su vez, el dios griego de Tracia es hijo de Demeter, diosa de la fecundidad de la tierra, y el Dyonisos de la Fócida, la Beocia y el Ática es hijo de Júpiter y de Semele, a cuyo nacimiento se alude en el *Diálogo* de Luciano.

Si se continúa indagando aparece el mito indoario del dios Soma, hijo de Indra. Una de las versiones del nacimiento de Dyonisos es similar a la del nacimiento de Soma: uno y otro son extraídos de un muslo de su padre; Júpiter en el primer caso, Indra en el segundo. La realidad es que para que el dios del vino exista es preciso que allí donde se le dé culto exista una bebida embriagante. En la India, además de bebidas fermentadas de arroz, hidromiel y de algunos frutos, existían viñedos salvajes y alguna de estas variedades producía vinos, blancos y ácidos. La expedición de Alejandro Magno da fe de ello. Por otra parte, soma, la bebida alcohólica —probablemente procedente de la vid—, se ensalza hasta tal extremo que se diviniza convirtiéndola en dios, en Soma.

LA CUNA Y EL SIMBOLISMO DE DYONISOS: EL CONSUMO MODERADO

Cuenta la mitología que Dyonisos fue llevado por Hermes a Nysa, un lugar paradisíaco situado en la ladera de una montaña de incomparable belleza. Zeus escogió aquel lugar para que residiera allí el padre del vino y encomendó su crianza a unas ninfas que habitaban en una profunda gruta, en cuyas puertas crecía la vid. Cuenta Meunier: «… Cuando Dyonisos llegó en brazos de Hermes, una noche obscura, al dintel de aquel secreto refugio, súbitamente una estrella apareció en el cielo. Se iluminó la tierra, como alumbrada por el disco argentado de la luna, y penetró la luz hasta los más tenebrosos recovecos de la vasta caverna. A favor de este vivo resplandor, que despertó a las ninfas, Hermes entró en aquella morada. En cuanto las ninfas reconocieron al mensajero de los dioses, todas corrieron a recoger en sus manos delicadas al niño que aquél venía a confiarles. Lo acostaron en una cuna de oro y lo rodearon de cuidados y ternezas. Ahora bien: conforme crecía el hijo de Semele, la viña que tapizaba la gruta iba extendiendo al mismo tiempo sus vivaces ramas. Para distraerle, una ninfa le enseñó a tocar los címbalos; otra, a coronarse de hiedra y a cubrir con guirnalda de hiedra el bastoncito con el que jugaba. Más tarde, la caza ocupó los ocios del divino adolescente. Más ágil que la liebre, Dyonisos gustaba de perseguir los ciervos, de asaetearlos, y le placía vestir sus abigarradas pieles. Cierto día llegó a arrebatar, en abrupta montaña, a una terrible leona dos graciosos cachorros, los llevó sin dificultad a la morada de las ninfas y se dedicó a domesticarlos. Y cabalgaba sobre sus lomos como si fuesen caballos, sirviéndole las crines de riendas. Otras veces se divertía acariciando sus flancos, metiéndoles la mano en la boca, y los leones ellos, en vez de asustarse, le mimaban y le lamían los dedos. Estos fueron los animales que más tarde arrastraron su espléndido carro en la conquista del mundo.»

El simbolismo de la narración es claro y coincide con las descripciones de otras semblanzas báquicas que se citan en este capítulo. Las ninfas enseñan al dios a prepararse para la vendimia tomando los racimos de los sarmientos que crecen junto a la cueva. El buen vino habrá de cuidarse en cuna de oro, como el hijo de Semele. La bebida divina da agilidad, da valor y permite domesticar a las fieras más feroces.

Crátera Griega

Sin embargo, el abuso, la inmoderación, envilece y criminaliza al hombre. En la visita que Dyonisos hace a Ícaro está la enseñanza. Después de descubrir el vino, el dios se dedicó a instruir a sus amigos en los secretos de la vitivinicultura y, al mismo tiempo, a recomendarles su consumo moderado.

El consumo del néctar que alegra al hombre, que quita las penas, ha de ir unido a una ingesta contenida. Por eso, los amigos del dios beben para estar alegres y sus enemigos, que lo hacen con desenfreno, caen en despreciables estados de furor y desatino.

Ícaro acoge cortésmente a Dyonisos. Éste le devuelve la delicadeza enseñándole a plantar la vid, a recolectar los racimos y a transformarlos en vino. Ícaro goza con las alegrías que el vino le proporciona, se vuelve generoso y lo ofrece a unos labriegos que se embriagan y enloquecen. Éstos sienten sus efectos y creen que los ha envenenado... «Entonces —según la leyenda—, furiosos y dementes, se abalanzaron contra Ícaro, abrieron y vaciaron sus odres y le remataron con hoces y azadas, a pedradas y a palos. Después, los labriegos, vencidos por súbito sueño, se durmieron sobre el cuerpo de su propia víctima. Al día siguiente, vueltos en sí, deploraron la prematura suerte de su generoso amigo y ocultaron su cuerpo insepulto entre la maleza.» (Meunier)

Por un lado, la alegre generosidad que propicia el consumo correcto motiva a Ícaro a repartir entre sus compañeros el vino que llevaba en odres de cuero. Por otro, los bajos instintos del hombre, puestos al descubierto por el abuso de la ingesta; y el arrepentimiento al recuperar la serenidad. Dyonisos los ha enloquecido por abusar de la bebida que ofreció a los humanos.

Son varias las narraciones del descubrimiento del vino que ejemplarizan la moderación. A un poeta, que vivió en el siglo III a. C., se debe esta otra versión. Dice así:

Siendo Dyonisos muy joven, tras andar un largo trecho, sentose a descansar. Aún le quedaba mucho camino por recorrer para finalizar su terrenal viaje y una gran piedra junto a la vereda le pareció el más mullido de los cojines. Al poco, mirando a su alrededor, observó que del suelo emergía una pequeña planta de un intenso y brillante color verde.

La llevaré conmigo para plantarla en mi palacio, pensó; pero antes he de buscar un recipiente adecuado para que el abrasador sol del mediodía no la marchite. Con delicadeza divina la colocó en el interior de un hueso de pájaro que halló por los alrededores. Continuó su viaje y, con el paso del tiempo, la planta creció tanto que su tallo asomaba por ambos extremos del hueso.

Necesita la planta un habitáculo mayor, se dijo. Mirando a su alrededor encontró un hueso de león en el que la depositó junto con un poco de tierra y el huesillo de pájaro, su recipiente primigenio. Al poco tiempo, la nueva maceta volvió a quedar pequeña, tallos y hojitas caían por sus extremos. Buscó de nuevo y fue un gran hueso de asno lo que encontró en esta ocasión. Allí colocó la verde planta junto con los dos envases primitivos.

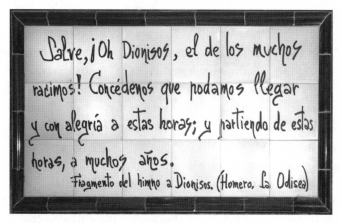

Fragmento de un himno a Dyonisos

Al finalizar el viaje deseó trasplantarla, pero no pudo separar sus raíces de los huesos donde se había desarrollado. Hizo un hoyo y sembró todo el conjunto. Creció la otrora plantita con rapidez y produjo unos racimos dorados, llenos de un zumo tan dulce como la miel. El dios los apretó entre sus manos y, tras verter el mosto en un recipiente de barro cocido, elaboró el primer vino que luego ofreció a los hombres.

Al comenzar a beberlo, observó Dyonisos, los humanos cantaban como los pájaros; cuando bebían más se volvían valientes como un león pero, si abusaban de aquel líquido maravilloso, bajaban la cabeza y rebuznaban como los asnos.

UNA ROMÁNTICA VERSIÓN DEL ORIGEN DEL VINO

También se conocen versiones poéticas, más humanas, en las que el vino cumple un papel reconciliador. La de la princesa enamorada es una de ellas.

Es una bella leyenda en torno al fortuito nacimiento del vino, a su hallazgo por el hombre, que tiene como aliada, como humilde e inerte coprotagonista, a una sencilla tinaja.

Acaeció en el lejano Oriente, quizás en la actual Armenia, desde donde, según esta leyenda, se extendió la vid hacia el este y el oeste. En aquellas tierras se acostumbraba a almacenar los racimos de uvas en tinajas, cuidadosamente estratificados con paja de cereales, para dilatar su consumo el mayor tiempo posible.

Cuentan que la favorita de un príncipe, tras ser repudiada por él, vagó por el palacio desesperada, dispuesta a quitarse la vida antes que el dolor que le causaban la forzada separación y el mal de los celos —incesantemente veía a su amado en brazos de su rival— le hicieran perder la razón. Recorrió torres y murallas sin reunir la valentía suficiente para arrojarse al vacío. Quería que se mantuviera intacta su extraordinaria belleza y temía que la caída desfigurase su rostro.

Cansada, descendió hasta los frescos sótanos que utilizaban para almacenar los alimentos y, por azar, miró hacia el fondo de una de las tinajas que se usaban para guardar las uvas. Un olor picante llegó a su nariz al tiempo que escuchó el leve sonido de un misterioso burbujeo. Sobre la superficie del líquido aparecían y desaparecían, sin interrupción, blancas y pequeñas pompas. La infinita tristeza, la desesperación y la húmeda frialdad de la cueva acabaron por animarla.

—Al fin he encontrado, pensó, un veneno desconocido que va a llevarme al más allá sin destrozar mi cuerpo.

Acto seguido, introdujo una jarra en aquel líquido y bebió de él sin cautela. Lo encontró dulzón, picante y ligeramente tibio. Al menos, se decía, es agradable.

Nada malo le ocurrió. Todo lo contrario: el espíritu caído comenzó a renacer, su cuerpo cobró ligereza, una luz desconocida brilló en su cerebro. Las nubes se despejaron, los celos desaparecieron, una nueva esperanza, un deseo de vivir y de luchar para recuperar el cariño de su amado impulsó su ánimo. Alegre por su decisión, plena de audacia y valor, llenó de nuevo la tosca jarra de barro hasta los bordes y fue a buscar a su amado.

—Mira, le dijo, desesperada he bebido este zumo de uva que burbujeaba en el fondo de una vasija olvidada, pensando que el gas que exhala acabaría con mi vida y, en lugar de la muerte, este líquido maravilloso me ha dado nuevas fuerzas para luchar por ti, por tu amor. Bébelo y regocíjate conmigo.

Cuentan que el vino reconcilió a los príncipes, que fueron felices y muy longevos y que aprendieron el arte de transformar el zumo de uva en vino, arte que enseñaron a sus hijos y éstos a sus nietos.

Quédese el lector con el origen del vino que más le guste, el de la bella princesa que recuperó el amor gracias al deseo de confraternización que causa el zumo de la vid al beberlo, o con cualquier otro. Todas las versiones que conocemos pretenden sublimar el nacimiento del néctar divino, propiciar sus virtudes y enseñar la bondad de su consumo moderado.

EL ORIGEN REAL DEL VINO

A estas alturas del capítulo, nada nuevo vamos a descubrir al lector si le decimos que el origen del vino es remotísimo, que no se conoce con exactitud quién fue su primer elaborador, ni tan siquiera en qué sitio empezó a fermentarse el zumo de la uva como una práctica habitual más entre las tareas agrícolas otoñales.

No hay duda de que la vid precedió al hombre en el mundo. El arbusto de la vid existió en la tierra miles de años antes de que esta presentara su configuración actual. Los primeros indicios vitícolas que se han hallado corresponden a los albores del Terciario. Como ya se ha indicado, desde su descubrimiento ha tenido una estrecha relación con las más diversas ceremonias religiosas, profanas o taumatúrgicas, en las que el hombre ha participado. Puede afirmarse, sin ningún género de dudas, que el vino está unido plenamente al mundo mediterráneo, a su historia, a su cultura, a sus fiestas y a su agroindustria.

¿Dónde surge el vino? Probablemente, en una vasija de barro; no puede olvidarse que la alfarería fue una de las primeras actividades industriales que realizaron los más remotos pobladores de la Tierra. En algún recipiente comenzó a hervir el zumo de la uva o las bayas que allí se guardaban y, probablemente, fue en uno de barro cocido. El vino y la alfarería han caminado juntos a lo largo del tiempo. Buena prueba de lo dicho es el hallazgo, en una montaña de Irán, de una vasija que había contenido vino hace más de siete mil años, vino que curiosamente había sido aderezado con resina para evitar su avinagramiento.

Algunos autores afirman que la vid sobrevivió a las frías glaciaciones en un lugar situado entre el Himalaya y el Cáucaso y que, desde allí, llegó a las proximidades del monte Ararat, en el Transcáucaso, transportada por los arios que fueron sus primeros cultivadores, tal cual hoy se interpreta el hecho de cultivar. Allí, en aquel lejano país, pudo tener sus orígenes la *vitis vinifera* y de su fruto se obtendrían los primeros vinos. Es más, la palabra vino puede derivar de *voino*, antiguo vocablo que definía el zumo de la uva fermentado en aquellas tierras, hoy conocidas como Georgia y Azerbaiyán. Como más adelante veremos, esta versión, en el ámbito geográfico, coincide con la del Génesis.

Cuando Feliciano Delgado indica que el vino está unido a la historia del Diluvio, menciona un poema épico mesopotámico que ha llegado a nosotros en forma fragmentada, en tablillas de escritura cuneiforme procedentes de la biblioteca de Asurbanipal de Asiria. Se trata del poema épico de Gilgamesh. Cuenta la tablilla XII que, cuando los dioses decidieron inundar la tierra, la diosa Es avisó al héroe Ut-Naphistin de lo que iba a suceder, indicándole que construyera un navío para escapar del diluvio. Con el fin de acelerar el trabajo de los calafates cuenta la tablilla: «ofrezco a los artesanos el zumo de las viñas, el vino tinto y el vino blanco para que lo beban como las aguas de un río». En la otra versión, en el Génesis, el arca de Noé se posó en las cercanías del monte Ararat (Armenia) —algunos autores afirman que allí permanece todavía, petrificada bajo los hielos permanentes— en cuyas proximidades existe un pueblo llamado Arghuri, donde cuentan que se plantó la primera viña.

Permita, lector, el inciso. Existen más de seiscientas versiones del diluvio y del arca repartidas por todos los continentes, de norte a sur y de este a oeste, algunas de ellas unidas a la viña y al vino.

EL VINO EN EGIPTO

Uno de los primeros hallazgos arqueológicos en el que figura el vino apareció en el enterramiento de un faraón —cuyo nombre se desconoce— que falleció unos cuatro mil años antes de Jesucristo. En la tumba se encontró la estatuilla de un esclavo ofreciéndole vino, junto con otras en las que los personajes le ofrecían al difunto diversos útiles y alimentos para su postrero viaje.

Como comentábamos, el vino siempre ha formado parte de las ceremonias sagradas. Para demostrarlo transcribimos la siguiente cita de Osiris, el dios bueno a quien los egipcios atribuyeron la invención del vino, que reza en una inscripción jeroglífica: «... aquel que ha vencido a la muerte y que sabe renacer de sus cenizas como cada año renace la uva de una vid que se creía muerta». Fue Osiris un dios que recuerda en su jovialidad al Dyonisos tracio —cervecero— y luego griego —vinatero.

La vid, blanca y tinta, se cultivaba en el delta del Nilo; y el vino, «ese don de Osiris», corría con abundancia entre la población. Los egipcios lo llamaban a*rp* o *erp, elp* y *sha*, encontrándose el primer vocablo grabado junto a la boca de las ánforas, y el último en inscripciones y papiros. Un abastecedor de palacio —se conserva la anotación— hizo llegar al almacén de Pi Ramses, en tres barcos y entre otras mercancías, mil quinientas tinajas de vino, debidamente selladas, catalogándose los vinos, blancos o tintos, siempre abocados, por el número de trasiegos a que habían sido sometidos. Cuantos más trasiegos mayor calidad.

EL VINO EN LA BIBLIA

Cambiamos de cultura. Dice el *Génesis*: «Noé plantó la viña, bebió su vino y se embriagó».

Moisés legisló extensamente sobre la vid y el vino. Prohibió plantar diferentes clases de cepas en una misma viña obligando, con el fin de que se formase bien la planta, a que no se recolectase el fruto hasta el cuarto año. Esta primera cosecha debía consagrarse a Dios. Dispuso, también, que se dejara descansar el suelo durante un periodo de siete años, durante los cuales, con el fin de evitar su esquilmación, no se podía replantar la vid.

La vid y el vino tienen un gran protagonismo en la Biblia. El pueblo de Israel es la viña del Señor, y las citas y metáforas son frecuentes tanto en el Antiguo como en el Nuevo Testamento, incluso en la literatura y poesía místicas.

El *Deuteronomio* avisa a aquél cuyos oídos sean sordos a la palabra de Dios: «Plantarás y cultivarás viñas, pero no beberás su vino, ni recogerás nada...». El *Eclesiástico* ofrece una equilibrada perspectiva entre el uso moderado y la incontinencia: «No te hagas el valiente con el vino que el vino ha perdido a muchos. El vino es la vida para el hombre si lo bebe con moderación. ¿Qué es la vida cuando falta el vino, que fue creado al principio para alegrar al hombre? Regocijo del corazón y contento del alma es el vino bebido a su tiempo y con mesura».

Yahvé compara al enemigo de su pueblo con el peor de los vinos:

«Su viña es viña de Sodoma y de las plantaciones de Gomorra: uvas venenosas son sus uvas, racimos amargos sus racimos; su vino un veneno de serpiente, mortal ponzoña de áspid.»

«El vino alegra el corazón de los hombres.»
(*Salmo* 104,15)

«Dad bebidas fuertes al que va a perecer y vino al del alma amargada, que beba y olvide su miseria, y no se acuerde ya de su desgracia.»
(*Proverbios*, 31, 6-7)

Las normas de buen uso siguen en el Nuevo Testamento: San Pablo recomienda a Timoteo: «No bebas ya agua sola. Toma un poco de vino a causa de tu estómago y de tus frecuentes indisposiciones».
(*Carta I a Timoteo*)

Las enseñanzas bíblicas sobre el vino recomiendan siempre mesura, templanza. El primer ejemplo de desacato es la borrachera de Noé. «Vino y mujeres pervierten al inteligente», «... la embriaguez acrecienta el furor del insensato hacia su caída», y San Pablo en una de sus Cartas a los Efesios afirma: «El vino acarrea pendencias y lujurias».

La belleza de la parábola en la que Jesucristo es la vid y los cristianos sus sarmientos, viene a reafirmar la importancia religiosa que se concede a la cepa y a su fruto transformado en néctar.

> «Yo soy la viña verdadera, y mi Padre es el viñador. Todo sarmiento que en mí no dé fruto, lo corta, y todo el que dé fruto, lo limpia, para que dé más fruto... Si alguno no permanece en mí, es arrojado fuera, como el sarmiento, y se seca: luego los recogen, los echan al fuego y arden.»
>
> (*Juan, 15, 1-6*)

¿Qué mejor regalo que un buen vino? ¿Qué mejor regalo para unos esponsales que seis grandes ánforas llenas de un delicioso vino? Es el milagro de Caná: «Jesús, no tienen vino», insinúa María cuando, tras varios días de celebración, en el convite comenzaba a escasear la divina bebida y la fiesta popular decaía.

LA EXPANSIÓN POR EUROPA Y OTRA VERSIÓN MITOLÓGICA DE SU NACIMIENTO

Las técnicas de vinificación llegaron a Grecia más tarde, no sabemos si desde Oriente o desde Egipto. Durante los siglos VIII a VI antes de Jesucristo, esta península se convirtió en un importante exportador de vinos de alta graduación y aspereza, que solían rebajarse con agua y mezclarse con distintas especies, perfumes y otras sustancias aromáticas. La resina, como hoy, se utilizaba como conservante.

Allí, como ya se ha dicho, fue Dyonisos, dios de las vides, quien protagonizó la invención del vino. En una cacería, el dios se sintió atraído por la belleza de Ampelos, un joven frigio al que, en pugna con Apolo, logró seducir. Algunas damas del Olimpo, celosas, consiguieron que un toro acabara con su vida. Para mitigar el profundo dolor de Dyonisos, la terrible Átropos transformó el cadáver en un verde arbusto: la vid.

La sangre de Ampelos se convirtió más tarde en el jugo del racimo, y este divino néctar proporcionó al hombre la bebida bienhechora que sana los males del cuerpo y del espíritu.

Tras la caída de Troya, Ulises llegó a la isla de Sicilia donde fue capturado, junto con sus compañeros, por el cíclope Polifemo al que, para adormecerlo, ofreció el vino que transportaban en varios odres. Tanto agradó al gigante el néctar que bebía por vez primera que prometió a Ulises devorarlo el último. La somnolencia que le provocó el exceso de vino permitió la fuga de los griegos, tras cegar al coloso con un leño candente.

Recoge esta leyenda la llegada de la vid a Italia, país que, con el paso de los siglos, se erigió en gran productor; aunque nunca perdieron los italianos la afición por los caldos griegos, aromáticos y sabrosos, muy apreciados, entre otros, por Lúculo.

Los más célebres emperadores tuvieron sus vinos preferidos: Augusto los procedentes del Lacio, César se inclinaba por el mamertino de Sicilia, Tiberio por los falernos a los que Plinio encontraba desabridos. En los albanos encontraba, este último, virtudes terapéuticas contra la tos y las fiebres.

Los griegos focenses, a los que algunos autores atribuyeron la implantación de la vid en la Península Ibérica —y es probable que trajeran aquí sus orientales variedades— fundaron Marsella 600 años a. C., e iniciaron en tierras galas el cultivo de la *Vitis vinífera*. Desde allí se extendió hacia el norte y el oeste. Ródano arriba llegó a la Borgoña ya en el siglo II de nuestra Era y, al mismo tiempo, a Burdeos. En el siglo III se plantó en los valles del Loira y el Mosela, y en el IV en las pendientes laderas del Rin. Son, por tanto, de origen romano las viñas que producen vinos en Francia, Suiza, Austria, Alemania...

LA PENÍNSULA IBÉRICA

Una leyenda atribuye al mítico Gerión, rey de Tartessos, la introducción de la vid en nuestro país. La historia de Gerión —que era hermano de madre de Ganímedes, bello mancebo que fue copero del Olimpo y amante de Júpiter— la cuenta Hesiodo: el monarca andaluz poseía, entre otras muchas cosas, un rebaño de toros del que se rumoreaba que comían carne humana y que estaba custodiado por el gigante Euritión y por Ortus, perro bicéfalo. No cabe mayor signo de inteligencia: en vez de una, dos cabezas. El décimo trabajo de Hércules fue apoderarse de esta singular ganadería (¿sería brava?) y llevarla a Micenas.

Además de lo que nos cuenta la mitología, abundando en lo anteriormente dicho, debe quedar constancia de que la vid y la alfarería han existido en nuestra península desde los tiempos hasta los que podemos remontarnos. Walker (1985) da cuenta de recientes trabajos arqueológicos, realizados en España, en los que se hallaron semillas de vid de una antigüedad de alrededor de cutro mil años; y en la provincia de Huelva se han encontrado pólenes anteriores a esta fecha. Restos de ánforas y dolías han sido también encontrados, junto con primitivas piedras de lagar, al parecer de procedencia preibérica, en numerosas localidades del sur y del levante español. El yacimiento del Castillo de Doña Blanca (Cádiz) es un feliz hallazgo que ayudará a esclarecer el origen del vino en nuestras costas. La riqueza en minerales nobles era tal, lo cuenta Plinio, que el tartesio rey Argantonio —hombre plata— descendiente de Gerión, guardaba sus vinos en toneles fabricados con este metal precioso.

Durante siglos se ha afirmado que la vid llegó a las costas de la Península Ibérica de manos de fenicios y focenses, aseveración hoy más que rebatida. Cabe pensar que estos pueblos trajeron, probablemente, distintas tecnologías, que incluso introdujeron nuevas variedades en el sur ibérico, pero hay que rechazar de plano que el origen de nuestra vitivinicultura comience en el siglo VIII antes de Cristo, manifestándonos enérgicamente contra esa proclividad española a considerar que todo lo bueno ha venido de fuera.

Decía Ortega, en su *Teoría de Andalucía*, que podía demostrarse que el pueblo andaluz era el más viejo del Mediterráneo, «... más viejo que griegos y romanos. Indicios que se acumulan nos hacen entrever que antes de soplar el viento de los influjos históricos desde Egipto y, en general, desde el Mediterráneo oriental hacia el occidental, había reinado una sazón de ráfagas opuestas. Una corriente de cultura, la más antigua de que se tiene noticia, partió de nuestras costas y, resbalando sobre el frontal de Libia, salpicó los senos de Oriente». ¿Iría, lector, acompañada esta embajada cultural de vinos andaluces?

Los iberos, remotos pobladores de buena parte de España, pueblo de discutido origen, para unos procedentes del Cáucaso y para Platón de la mítica Atlántida, conocían el aceite, el vino y el trigo. La llegada de fenicios, persas, griegos y celtas, es posterior. De ahí podemos deducir la antigüedad de la vid en nuestro país. Investigadores de la importancia de Billiard, Andrée y Levadoux, tras detenidos estudios de la Botánica histórica y de la Geología, han llegado a la conclusión de que la viña ha sido siempre una planta autóctona en toda la cuenca mediterránea. El arribo de los pueblos orientales, en cuyas monedas solían aparecer racimos, quizás modificaran, ya lo hemos dicho, las técnicas de cultivo y vinificación. Nada más.

Plinio cita una variedad española y Columela cincuenta y ocho diferentes. Estrabón, Plinio y Marcial sitúan los viñedos peninsulares en las vertientes mediterráneas y oceánicas, indicando que los mejores se producían en Tarraco, Turdetania, Bética, Baleares y Julia Traducta.

Debe incluirse, sin dudas de ningún género, al vino como uno de los integrantes de la cultura mediterránea. Cuenta Estrabón, en el libro III de su *Geografía*, que los pueblos peninsulares se podían dividir en cultos y bárbaros según sus costumbres y empleos. De Despeñaperros para arriba se dedicaban a la ganadería, a la guerra, al pillaje. Además, eran consumidores de cerveza y no sabían beber vino, no lo tomaban con la debida moderación, se emborrachaban cuando, ocasionalmente, llegaba a sus manos.

Los habitantes del sur eran sedentarios, contaban con un régimen coronado, con legislación suficiente para su gobierno y se dedicaban a tareas industriales y agrícolas. Producían y consumían aceite, vino y trigo. Sabían beber, no se embriagaban... su cultura giraba en torno a los tres productos que hoy siguen siendo los pilares básicos de la dieta mediterránea; de la alimentación mediterránea, que la palabra dieta, del latín *diaeta*, viene a significar régimen que se manda observar a los enfermos o convalecientes en el comer y beber, y éste no es el caso de nuestra rica y jugosa cocina.

Las costumbres, desgraciadamente, han cambiado. Se ha dejado atrás el concepto que tenía Estrabón de pueblo culto, de pueblo civilizado, y buena parte de nuestros hábitos han sido sustituidos por usos y modas venidas de tierras más septentrionales. Se ha abandonado el vino, sobre todo nuestra gente joven, y ha sido sustituido por otras bebidas que en nada se le parecen y que, está más que demostrado, no poseen las cualidades benefactoras de un producto tan natural como el vino en el que existen más de seiscientos componentes, desde ácidos orgánicos y sales hasta complejas estructuras moleculares.

Los viñedos españoles han pasado, en la segunda mitad del siglo XX, por distintos avatares. Primero hubo una política expansionista que subvencionaba la plantación de cepas, seguida por otra normativa, proveniente de Bruselas, que primaba al viticultor por hacer todo lo contrario, es decir, por reducir la superficie cultivada. Nada nuevo bajo el sol. Suetonio, en su obra *Vida de los doce Césares*, recoge el segundo (el primero lo dictó Licurgo, Rey de Esparta) decreto de arranque de viñedos: Domiciano ordenó descepar el cincuenta por ciento de las viñas cultivadas en las provincias romanas, especialmente las de la Bética, sin duda por eso de la competencia. Tan nefasta disposición fue revocada, años después, por el emperador Probo.

Y hablando de disposiciones legales, voy a citar dos que quizá sean poco conocidas. Los hombres de Roma llevaban quejándose de sus esposas casi dos siglos, desde que el Senado acordó en el año 195 a. C. que las mujeres podían llevar ropas teñidas y conducir carruajes. Hasta entonces, sólo se esperaba de las esposas que mantuvieran el fuego del hogar, fueran a buscar agua, cocinaran, hilaran, tejieran y criaran a los hijos.

Tampoco debían parecer muy inteligentes ya que, como refirió el escritor Juvenal, las esposas que discutían sobre historia, poesía o utilizaban correctamente la gramática eran «realmente irritantes». Se suponía que no debían beber, lo que se consideraba una clara señal de aberraciones sexuales, hasta el punto de que Catón el Viejo decía que la razón de que los hombres besaran a sus parientes femeninos era para comprobar si su aliento olía a vino. A pesar de ello, las matronas romanas hacían caso omiso de estas prohibiciones y en algunas ocasiones las cantidades que llegaban a ingerir eran realmente impresionantes, como ocurría con algunas de las señoras que describe Juvenal que eran capaces de ingerir, de un solo trago, varios litros de vino de Falerno.

LA VID Y EL VINO DURANTE LA
DOMINACIÓN VISIGODA

La invasión de la Península Ibérica por pueblos centroeuropeos no afectó a la agricultura, a la que los godos presta-
ron especial apoyo y protección. Racimos de uvas fueron
frecuentemente utilizados en la decoración de iglesias,
monumentos y diversos objetos, y no faltaron eruditos,
como San Isidoro de Sevilla, que estudió la vid y citó, entre
otras, veintitrés variedades peninsulares.

La dieta alimenticia de la España visigoda, y especialmente
de la Bética, puede reconstruirse a partir de las reglas dictadas para los monasterios. La de San Isidoro, escrita según
investigadores entre la segunda y tercera década del siglo
VII, permite presumir que la comida habitual en los refec-
torios la constituían cocinados de legumbres y verduras con
aceite de oliva como única grasa; menú al que se le añadían
trozos de carne en días festivos y que se acompañaba diariamente con tres vasos de vino, lo que viene a suponer casi
medio litro por persona y día.

San Isidoro describió, detalladamente, las diferentes
labores y cuidados que las viñas debían recibir a lo largo del
año: cavas, podas en verde, reconducción de los sarmientos... Catalogó también las distintas herramientas que se
utilizaban en aquellos tiempos, heredadas, la mayor parte
de ellas, de los romanos.

Otra regla monástica, la de San Fructuoso, limitaba a un
solo vaso la ingesta diaria de vino, no sabemos si utilizando
un castellano criterio de austeridad, o porque la producción de los monasterios situados en el centro y norte de
la Península era inferior, en volumen, a la obtenida en los
de la Bética, región en la que la superficie de viñedo cultivado, desde antiguo y hasta finales del siglo XX, ha sido
considerable.

Sobre la viña se legisló considerablemente a lo largo de
los siglos VI y VII. Curiosa es la disposición de Chindasvinto
que concedía vacaciones a los miembros de los tribunales

de justicia, desde el 17 de septiembre al 18 de octubre, para que pudiesen realizar las faenas de vendimia. Abundando en los tribunales, una antigua ley condenaba a aquel que arrancase o incendiase una viña a devolver a su propietario un viñedo cuya extensión fuese el doble de la destruida.

EL VINO EN LA ESPAÑA MUSULMANA

A pesar de la prohibición coránica, «Ciertamente el vino y el juego son abominables, procedentes de la actividad de Satanás...», la viticultura floreció en la dominación musulmana y el consumo de vino fue tan abundante o más que en épocas anteriores, siendo musa predilecta de los poetas y escritores arábigo andaluces: «...su llegada es la alegría y no hay tristeza mayor que su alejamiento. Cuando se va, las gotas de la botella son lágrimas y, cuando viene, la boca del vaso ríe con las burbujas» escribía el cordobés Ibn Said. La *Agricultura* de Abú Zacarías enseña en uno de sus capítulos cómo plantar las viñas en los alrededores de Sevilla y «cómo se hace el vino dulce según la *Agricultura Nabathea* de Kutsamí».

Cham Ed Dim Mohamed ben Hassán Nawayi, autor del libro *Halbat al Cumiat*, llamó *nadín* al bebedor de vino, no borracho, y refiriéndose a la cantidad añade: «y cuando se sienta camino de la embriaguez, levantarse rápidamente y marcharse, cuando aún tiene dominio sobre sí mismo, para evitar que su lengua cometa algún lapso o pierda la cabeza y serenidad». El gran Ibn Aldallah Ibnsina *Avicena,* afirmaba: «un buen bebedor de vino debe aunar la nobleza de los reyes con la modestia de los esclavos».

Ofrecemos al lector algunos zéjeles de moaxajas escritas por poetas arábigo andaluces, en las que el vino tiene especial protagonismo.

De Abén Guzmán, evocando a Anacreonte (Zéjel XC):

«Cuando muera, estas son mis instrucciones para el entierro:
dormiré con una viña entre los párpados;
que me envuelvan entre sus hojas como mortaja
y me pongan en la cabeza un turbante de pámpanos»

Del rey al-Mutamid de Sevilla:

«A una gacela pedí vino
y me sirvió vino y rosas;
pasé la noche bebiendo el vino de su boca
y tomando la rosa de sus mejillas»
«El relámpago le asustó, cuando en su mano
el relámpago del vino resplandecía»
«El vino que bebía iluminaba con su luz,
mientras la noche extendía el manto de las tinieblas»
«...la noche pasaba, escanciándome de su mirada,
a veces de su copa, a veces de su boca...»
«... bebía un vino que iluminaba con su luz,
mientras la noche extendía las tinieblas como un manto...»

Cantó también a la música y al vino:

«¡Cómo te va a llevar la tristeza de la muerte,
mientras exista el laúd y el vino fresco!»

Salvo esporádicas órdenes de arranque de viñedos por parte de almorávides y almohades, que afectaron fundamentalmente a tierras fronterizas, los musulmanes andaluces fueron muy permisivos con el consumo de vino y excelentes cultivadores. Pedro Mártir, cronista de los Reyes Católicos, describe así los campos de Granada: «Las feraces vegas y campos, el arbolado, los viñedos y las mieses estaban cultivados con singular esmero».

LA RECONQUISTA

Fernando III el Santo, tras conquistar Córdoba, encontró abundantes viñedos en los alrededores de la ciudad, en la vega, en la sierra, en las laderas y cumbres próximas a Santa María de Trassierra, que repartió entre sus caballeros quedando para el Rey los situados cerca de la puerta de Almodóvar. En 1238 concedió el diezmo de las bodegas cordobesas a la Iglesia de la ciudad. Las viñas llegaban, como en Sevilla, hasta las murallas. En la capital hispalense, tras su pactada rendición, se realizó también un reparto de los viñedos entre los principales del ejército real, repartos que se siguieron efectuando hasta que finalizó la Reconquista.

A partir de estos hechos la historia de la viña y el vino es más que conocida. Desde los antiguos puertos tartesios viajó, muchos siglos después de que esta culta civilización cargada

Prensa de viga. Dimobe. Málaga

Museo del vino. Toro Albalá

de misterios se hubiese extinguido, a América y a regiones y continentes australes, llevando consigo un acervo cultural más que milenario. Las cepas hispanas, especialmente las andaluzas y extremeñas, llegaron a Méjico, a Argentina, a California, a Chile, a Perú, a Uruguay... Los viajeros románticos llegaron a España buscando tipismo, historia y gastronomía. La terrible filoxera, los primeros estatutos europeos de la Viña y el Vino, los consejos reguladores, la protección del nombre de las denominaciones de origen...

INFLUENCIA DEL VINO EN LAS ARTES, EN LA LITERATURA, EN LA MÚSICA, EN LAS CIENCIAS...

Pensará el lector que me ocupo demasiado de Dyonisos, pero es que la importancia literaria y artística de este dios cordial es inmensa. Vayamos directamente a una de ellas que podríamos llamar Vino, Carnaval y Teatro.

Como todos sabemos, durante los siglos VIII a VI antes de Cristo la península griega se convirtió en una importante exportadora de vinos de alta graduación y aspereza que, a la hora de consumirse, solían rebajarse con agua y mezclarse con distintas especies, perfumes y otras sustancias aromáticas. La resina, como hoy, se utilizaba como conservante, y el alto contenido en alcohol y polifenoles (aspereza) permitían que el vino soportara, victorioso, los ataques de las bacterias acetificantes.

También sabemos que al jovial Dyonisos se le dedicaban varias fiestas a lo largo del año. Eran las Dionisiacas. Por ejemplo, en el mes de Poseidón, sexto del año heleno y diciembre de nuestro calendario, se celebraban las Dionisiacas agrarias o menores que podríamos comparar con alguna de nuestras romerías. Claro está que, según cuenta Plutarco, allí los labradores no transportaban imágenes, sino un falo de madera de gigantescas dimensiones, signo de la fecundidad y augurio de una buena cosecha, acompañado de una gran ánfora llena de vino sagrado. La fiesta terminaba con una serie de sacrificios y rituales mágicos, cuyo fin era pedir a los dioses que las cosechas fueran excelentes.

Debo añadir que en estas fiestas no sólo se bebía. El vino iba siempre acompañado de diversos platos, normalmente de carnes asadas. El vino y la cocina siempre han caminado juntos.

Las fiestas Antesterias se celebraban durante tres días a mediados de nuestros meses de febrero y marzo. Nacía el vino. Se abrían las tinajas, se organizaban concursos de bebedores y, en la mañana del tercer día, se iba al puerto a esperar a Dyonisos que llegaba embarcado. Luego, su imagen era transportada en un carruaje con forma de barca. Autores hay que afirman que de este carro, *carrus navalis,* deriva la palabra carnavales.

Las Antesterias marcaban el comienzo del buen tiempo para navegar, pasadas ya las tormentas invernales.

Las Grandes Dionisiacas, otra de las celebraciones, duraban seis días de primavera, entre finales de marzo y primeros de abril. Eran las fiestas mayores. Los actos comenzaban con representaciones de ditirambos e invocaciones al dios del vino que iban acompañadas de cantos y danzas.

Con el tiempo, los cantos y danzas fueron adoptando un orden y, al mismo tiempo, los protagonistas fueron sustituyendo la música por prosa dialogada, con frases que ensalzaban al hijo de Zeus y de la terrenal Semele.

Aristóteles cuenta que de las danzas, cánticos, burlas y pantomimas surgió el teatro. Los cánticos dieron lugar a obras en las que los actores, disfrazados de machos cabríos, dialogaban sobre un tema argumentado, con principio y final. La palabra tragedia procede de término griego *tragodía,* de *tragos,* macho cabrío, y de *ádo,* cantar. El primer teatro se construyó en Atenas cerca de la Acrópolis.

Y dentro de las nobles artes, ¿qué podemos decir del protagonismo del vino en la pintura, desde las descubiertas en Tebas y en el Alto Egipto hasta hoy? Royo-Villanova apuntaba con acierto que solamente el vino podía explicar la enigmática sonrisa de la Gioconda: «había bebido un poco..., tenía el ángel del vino».

Tiziano decía que el vino «eleva la pura materia orgánica a potencia espiritual..., el músculo, favorecido por el vino, vive la danza, la faringe el canto, el corazón el amor, los labios la sonrisa, el cerebro la idea...».

¿Cuántos artistas han dedicado sus obras al vino? Los museos, el del Prado es buena prueba de ello, guardan tablas, lienzos y cobres de los más afamados pintores, cuyos motivos báquicos alegran sala tras sala, haciendo olvidar cuadros tenebrosos, sangrientas batallas, naufragios, serios retratos, ascéticas escenas religiosas...

La pinacoteca madrileña posee una amplia, que no abundante, colección de alegres pinturas dedicadas a la vendimia, a la viña y al vino. La saga de los Teniers, los maestros flamencos y holandeses —Jan Brueghel de Velours, Pieter Claeszon, Colyn— el inolvidable *Jardín de las Delicias* de El Bosco, la *Bacanal* del francés Michel Ange Houasse, el *Baco beodo* del también francés Nicolás Poussin, los temas dedicados a Lot y sus hijas por los italianos Lucas Jordán y Francesco Furini. Y entre los maestros españoles Esteban March, Luis Eugenio Menéndez o Meléndez, Juan van der Hamen —español con apellidos holandeses— el maravilloso lienzo *Los borrachos* de Velázquez, y de Goya *La merienda a orillas del Manzanares, El bebedor, El albañil borracho, La vendimia...*

No olvido a los pintores andaluces, mis paisanos: Agustín del Castillo, cuya alegoría de la resurrección puede contemplarse en la iglesia de San Francisco (Córdoba), a Palomino, a Valdés Leal, a Murillo, a los Romero de Torres, a Lucena, a Lozano Sidro, a Sánchez Perrier, a Jiménez Aranda, a Miguel del Moral, a Pedro Bueno, a Castro Cadenas, a Povedano, a Bujalance, a Ginés Liébana...

Y aunque no puedo extenderme todo lo que quisiera, que esta es una obra técnica, sí debo hablar del vino y la Música («¡Qué no daría yo por una botella de vino!», decía Beethoven; o Gustav Mahler que afirmaba rotundo: «Un vaso de vino en el momento oportuno, vale más que todas las riquezas de la tierra»), de la Escultura, de la Arquitectura y de los maravillosos mosaicos cuyos dibujos están dedicados al néctar de los dioses. Entre ellos, no podemos dejar de citar el que se encontró en 1929 en la calle de la Bodega (Córdoba), en el que figura un Baco bonachón, sonriente, con la mirada levemente borrosa... ¿Cuántas copas se habría bebido?

Toca hablar ahora, brevemente, de la aportación del vino a las Ciencias, y en este sentido podemos centrarnos en su importancia terapéutica, hoy confirmada por los más prestigiosos investigadores. El griego Hipócrates (460-377 a.C.), padre de la Medicina, lo utilizaba para remediar los más diversos males, situándolo en la farmacopea de la época como uno de sus más socorridos remedios. Lo recetaba para cicatrizar las heridas, como antídoto contra diversos venenos y para combatir la hidropesía. El de Creta lo recomendaba como remedio contra el tétano. Hipócrates inició la medicina preventiva: «Todo hombre para conservarse sano debe emborracharse por lo menos una vez cada mes». Y añadía: «el vino es cosa apropiada para el hombre si, en salud como en enfermedad, se le administra con tino y justa medida».

El poder bactericida del vino ha sido reconocido desde que convive con el hombre. Esta acción terapéutica no se debe sólo al efecto del alcohol. También coadyuvan los ácidos, los taninos, el anhídrido sulfuroso, los ésteres y los éteres.

Los sumerios elaboraban bálsamos y pomadas a base de vino, y nuestros antepasados se servían de ellas para lavar y desinfectar las heridas. Son fáciles de encontrar citas desde *La Ilíada* en adelante. Los héroes homéricos y los antiguos palestinos entendían que el vino es un tónico alimentario-medicinal, por eso acostumbraban a rebajarlo con agua y a añadirle especias. Jenofonte cuenta cómo Ciro, al igual que otros generales, recomendaba a sus soldados que llevaran vino en su mochila; no sólo como tonificante, sino también como bactericida para evitar que las heridas se infectaran.

El Dr. Manuel Concha, prestigioso cirujano cardiovascular, en su reciente obra *Vino y Salud* afirma que, en esta medicina de tipo popular e instintiva, el vino ocupó gran parte de las recetas, bien como reconstituyente, como se destaca en la obra *Administración del vino* del reconocido médico Asclepsiades de Betinia, en la que se aconseja el vino «...para restablecer la fuerza de los convalecientes...», o para «...ayudarlos a combatir la debilidad y aumentar el apetito...».

Galeno y Columela, además de reconocer su valor alimentario, lo recomendaban contra la disentería, por sus propiedades astringentes. Incluso San Pablo, como ya dijimos, reconocía las propiedades del vino para curar las enfermedades estomacales. Plinio afirmaba que los albanos poseían virtudes medicinales que los hacían idóneos para combatir la tos y las fiebres.

En la España musulmana —pensamos que también en otros países— el consumo terapéutico del vino estuvo permitido. La receta médica bastaba para poderlo comprar y consumir sin incurrir en falta a los principios coránicos, hecho que recuerda a las bulas cristianas.

Diez siglos después se valoran sus múltiples efectos, entre otros el cardioprotector; sin olvidar su lado humano, el efecto reconfortante, el efecto revitalizador, tan necesario o más que los que, estrictamente, puedan prestar sus polifenoles, vitaminas, minerales, etc.

Decía Gregorio Marañón, en una conferencia sobre el vino pronunciada en 1965, que humanista no es el hombre de vasta cultura, de amplísimos conocimientos que habla varios idiomas y que presume de ello, sino aquel que ama a la Humanidad, que comprende y ama a su prójimo; y continuaba así:

«Los médicos, cuando se nos ha pasado la hora de la pedantería juvenil, sabemos que todas las enfermedades, las reales y las imaginadas que son también muy importantes,

Vieja prensa de husillo. Bodegas Medina. Zafra

pueden reducirse a una sola, a la tristeza de vivir. Vivir, en el fondo, no es usar la vida, sino defenderse de la vida, que nos va matando; y de aquí su tristeza inevitable, que olvidamos mientras podemos, pero que está siempre alerta. La eficacia del vino en esta lucha contra el tedio vital es incalculable. Las antologías están llenas de sentencias y dichos con los que las plumas más insignes celebraron la virtud que el vino tiene de convertir en ilusión la pena más profunda que pueda padecer el hombre, que no es la del amor o la de la ruina, ni la de la enfermedad, sino la de vivir.

El viejo Sileno que enciende con vino su ingenio y su alegría, un tanto chocarrera, pero generosa y cordial, simboliza, en general, al cirineo de la tristeza que es, en lo humano, el vino, bueno y bien medido. ¡Cuántas horas de optimismo debemos todos a una copa de vino bebida a tiempo! ¡Cuántas resoluciones que no nos atrevimos a tomar; y cuántas horas de amorosas confidencias; y cuántas inmortales creaciones del arte!»

Lo afirmado por Marañón en los párrafos anteriores coincide con la aseveración de los clásicos cuando decían que, antes del perro, el vino es el mejor amigo del hombre.

Dentro de las Ciencias no puedo dejar de citar a la Alquimia, a la quintaesencia del vino, a las mezclas mágicas, a la conservación eterna de los cuerpos mediante su inmersión en alcohol. ¿Cuándo comenzó la destilación del vino? ¿Cuándo se obtuvo por vez primera el agua de la vida, el aguardiente? Al parecer se construyeron primitivos alambiques en la Córdoba califal, siguiendo, quizá, técnicas chinas, pero fue el mallorquín Arnaldo de Vilanova el que sentó los principios de la correcta destilación. Desde su generalización, el agua de vida pasó a formar parte de inmediato de la farmacia de aquella época y aún, siglos después, sigue utilizándose en Medicina.

CONSIDERACIONES FINALES

«¿Sabes joven? Dos son los principios fundamentales para la Humanidad: la diosa Demeter, que es la tierra... y el hijo de Semele, que inventó la bebida fluyente del racimo y se la dio a los hombres». La frase es de Eurípides. Siglos después, José de la Cuevas afirmaba que «el vino es como el aroma de la civilización».

Necesitaríamos años para resumir todo lo que se ha escrito sobre el vino desde Homero hasta nuestros días. Benjamín Franklin dejó escrito que «el vino es la prueba más fehaciente de que Dios nos ama y quiere vernos felices»; y Ortega afirmaba que «el vino es una de las fuerzas elementales y eternas del mundo y de la vida».

Como afirma Pérez Camacho, el vino nos ha acompañado siempre. Estuvo con los dioses y con los mortales, estuvo y está en la mesa de los poderosos y de los humildes, estuvo y está en los mostradores de las tabernas más sencillas y en las mesas de los más caros restaurantes... de todos recibe piropos y a todos reparte alegrías. «El vino es nuevo y eterno porque hoy, como hace tres mil años, sigue alimentando las ilusiones de todos los que saben beberlo», le oí decir a Vicente Núñez en una de aquellas inolvidables reuniones que celebrábamos en la taberna El Tuta, de Aguilar de la Frontera.

¿Qué otro producto procedente del campo ha sido objeto de tanta consideración en el mundo del arte? Ninguno que sepamos. Además, a lo largo de la historia, aparece como bebida sagrada, sana y terapéutica, lo que la medicina contemporánea ha confirmado y confirma día tras día.

Hablar del vino, paciente lector, es remontarnos miles de años en la historia de la Humanidad. Va unido a su progreso y desarrollo cultural. En él debemos ver a un amigo y no al enemigo provocador de males y tragedias, de graves alcoholpatías causantes de accidentes y problemas que algunas mentes trasnochadas le achacan.

Desgraciadamente, el descenso de su consumo en España ha sido muy importante en las últimas décadas, de 70 a 24 litros por habitante y año, mientras que las enfermedades y accidentes provocados por la ingesta de bebidas alcohólicas fuertes, de destilados, ha aumentado vertiginosamente. Decía Louis Pasteur «es la más sana y natural de las bebidas, siempre que se beba con moderación». Como bien afirmaba Paracelso, cualquier alimento consumido en demasía puede provocar serios perjuicios a la salud humana.

Con el suave vino / doy sueño a mis tristezas. / Pero a mí ¿de qué parte / el trabajo y la pena, / el cuidado y la angustia, / el llanto y la miseria? / ¿Qué bien hay cual la vida? / Pues, ea, mozo, echa, / que con el dulce vino / doy sueño a las tristezas.

Cuando me asalta Baco / no hay cuidado que vele, / ni al mismo Creso estimo / con todos sus haberes. / Luego la dulce musa / me coge de repente, / y me fabrica versos / para cantar alegre.

Con estos versos de Anacreonte termino este capítulo.

CAPÍTULO II

LAS VIÑAS

Como vimos anteriormente, en el Terciario ya existía la viña. Durante las glaciaciones, parece que esta planta subsistió en la zona comprendida entre el Himalaya y el Cáucaso, partiendo desde allí hacia Europa vía Mediterráneo. Algunos autores afirman que su cultivo comenzó en el Transcáucaso, por tierras de las actuales Georgia y Azerbaiyán, en las que se utilizaba el vocablo *voino* del que puede derivar nuestra palabra vino. Ya se ha hablado de su remota antigüedad, pero ¿qué es la vid?

Desde el punto de vista de la Botánica, la vid pertenece a la familia de las *vitáceas* y, como especifica Reynier (1989), las plantas de esta familia son lianas o arbustos de tallo herbáceo o sarmentoso, a veces tuberoso, presentando zarcillos opuestos a las hojas.

Dentro de los catorce géneros que componen esta familia, la vid cultivada pertenece al denominado *vitis*, que comprende dos subgéneros: *euvitis y muscadinia*. En el cuadro siguiente se especifican las características de cada uno de ellos.

	EUVITIS	MUSCADINIA
Zarcillos	Bifurcados	Simples
Corteza	No adherente	Adherente, con lenticelas
Diafragma	Presente	Ausente
N° Cromosómico	2n = 38	2n = 40

Fuente: Reynier, 1989.

Mientras que el género *Muscadinia* sólo comprende tres especies, originarias del continente americano, el *euvitis* comprende más de treinta especies que se distribuyen en grupos según su origen. Así, se encuentra el grupo asiático con más de quince especies, de poca o ninguna utilidad directa para el cultivo; el americano, con más de veinte, utilizado fundamentalmente como fuente de patrones resistentes a la filoxera y, ocasionalmente, para producir uvas de mesa; y el europeo, con una única especie, la *vinífera*, de cuyos frutos se obtiene el vino. Por donde se viene a comprobar cómo, a veces, menos es más...

Las especies del grupo americano incluyen entre otras, *Riparia, Berlandieri, Rupestris, Aestivalis y Californica*. Puede elaborarse el siguiente cuadro que resume lo anterior:

FAMILIAS: VITÁCEAS. GÉNERO: VITIS

Subgénero:	Euvitis		Muscadinia
Grupos:	Europeo	Americano	Asiático
Especies:	*vinifera*	*riparia*	*rupestris...*
Variedades:	Pedro Ximénez		Palomino

La vid es planta de raíces profundas con tronco de madera porosa, tenaz y flexible, ramas de gran longitud denominadas sarmientos y hojas pecioladas, acorazonado-palmeadas, desigualmente serradas y normalmente quinquelobuladas. Se fija a tutores naturales o artificiales por mediación de los zarcillos. Si no los encuentra se esparce por el suelo.

Se extiende por el mundo entre los paralelos 30 y 50 en el hemisferio norte y entre los 30 y 48 en el hemisferio sur.

Para alcanzar su madurez fisiológica precisa, según variedades, que la suma de las temperaturas medias diurnas esté comprendida entre los dos mil ochocientos y cuatro mil grados anuales. En periodos de reposo soporta hasta 18° bajo cero y en verano aguanta estoicamente 45-50°. Tiene poca exigencia pluviométrica, desarrollándose a partir de ciento ochenta litros de agua por metro cuadrado. Vegeta desde el nivel del mar hasta los dos mil metros, en función del clima y de la variedad.

Prefiere terrenos profundos, ondulados, pobres en materia orgánica. Da sus mejores frutos en los calizo-arcillosos y en los calizo-silíceos, en las laderas que miran desde el sur al sudoeste. Las orientaciones septentrionales son peligrosas por los riesgos de heladas.

Viñedos de la Sierra de Montilla

CICLO ANUAL DE LA VID

La vid pertenece al grupo de plantas adaptadas especialmente a los climas templados, es decir, climas con veranos cálidos e inviernos de severos a templados. Durante la época invernal pasa por un periodo de reposo, en el que la planta no muestra ningún tipo visible de actividad. Comienza esta fase con la caída de las hojas en otoño, y acaba con la brotación de las yemas en primavera. Las fechas de inicio y conclusión del reposo van a depender tanto de factores internos de la propia planta, como puede ser la variedad, como de factores externos, fundamentalmente el clima y, dentro de este, la temperatura. Valga añadir que en regiones cálidas el periodo descrito se reduce hasta tal extremo que, en zonas tropicales, la vid llega a estar siempre verde.

A finales de invierno, cuando las temperaturas medias diurnas rondan los 10°, se produce el lloro, un fenómeno característico que consiste en la exudación de líquido, agua, fundamentalmente, por las heridas de la poda. Poco después, con una térmica de 11 a 12° y noches no muy frías, se inicia el desborre o brotación de las yemas que conduce al crecimiento de los brotes, pámpanos en terminología vitícola. Este crecimiento es, a la vez, terminal e intercalar.

En la vid se encuentran dos tipos de yemas: la de **madera**, que dará lugar, tras la germinación, a un brote sin inflorescencias; y la **mixta**, que también dará lugar a un brote pero con la singularidad, en este segundo caso, de que en él se desarrollarán las flores y posteriormente los frutos. Además, cada brote llevará hojas, zarcillos opuestos a ellas y yemas en las axilas de las hojas.

Las elevadas temperaturas del verano irán disminuyendo el crecimiento de los brotes hasta llegar a paralizarlo por completo. El crecimiento se suele reiniciar con las temperaturas más suaves de principios de otoño para detenerse, definitivamente, poco después, reanudándose en la siguiente primavera con la brotación de nuevas yemas.

Con la bajada otoñal de las temperaturas se produce un fenómeno conocido con el nombre de agostamiento, que consiste en la lignificación de los brotes. El agostamiento comienza en la base de los brotes y sigue hasta el ápice, es decir, no se produce a la vez en todo el brote. Una vez lignificado el brote pasa a denominarse sarmiento. Exteriormente se aprecia que ha perdido su color verde y adquirido consistencia leñosa. Simultáneamente, caen las hojas y se reinicia el reposo.

Indica Branas (1972) que el ciclo vegetativo anual puede considerarse como la sucesión de cuatro fases: una primera de movilización de reservas, que va desde el lloro hasta poco después del desborre. La segunda que abarca desde el desborre hasta el comienzo de la maduración de los frutos, y que se denomina de crecimiento. La tercera que llega hasta el agostamiento, y durante la cual la planta acumula reservas. Y la cuarta y última, que es el reposo.

Dentro de este ciclo se incluye el ciclo reproductor, que asegura la perpetuidad de la especie, no la del individuo, y que abarca en realidad dos ciclos vegetativos. Durante el primero, la yema que va a dar lugar a los frutos se inicia a flor, yema mixta, no de madera. En el segundo se produce la brotación de esa yema y, en su caso, la aparición de las flores. Esta iniciación floral ocurre durante el verano.

A lo largo del ciclo reproductor se desarrollan las flores, que aparecen en racimos y, una vez que maduran, se produce la antesis, es decir, la apertura de las flores que, en el caso de la vid, ocurre cayéndose la corola, dejando por lo tanto la flor desnuda. Se efectúa, entonces, la polinización, o sea, la transferencia del polen procedente de las anteras de las flores al estigma de las mismas, lo que conduce a la fecundación, a la unión de los gametofitos masculinos y femeninos, unión que tiene lugar en el ovario. Teniendo en cuenta que la flor es hermafrodita, no deja de ser curioso que la fecundación de la vid sea cruzada. La explicación es que los óvulos y el polen de una misma flor no maduran simultáneamente.

A partir de este momento se reanuda el crecimiento de los sarmientos y el fruto va engrosando hasta el envero, momento en que la baya comienza a perder su color verdoso para empezar a pintar, a cambiar de color, hasta adquirir con el tiempo su tonalidad definitiva, desde el verde amarillento hasta los rojos morados de algunas variedades. Al mismo tiempo, las bayas pierden consistencia y se inicia el proceso de maduración.

Desde que aparecen los pigmentos, el grano pierde la clorofila y pasa a ser alimentado por la savia de la planta. Prácticamente al mismo tiempo, finaliza el desarrollo vegetativo de la cepa, que encamina ahora sus esfuerzos a engordar y madurar el fruto más que a alargar los ramos.

La época de maduración depende fundamentalmente del clima y de la variedad. En función de que esta época sea más o menos temprana, las variedades se clasifican, según el momento fenológico de sazón, en precoces, de estación y tardías.

La maduración supone un lento aumento del contenido en azúcares y una paulatina disminución de la acidez total que finaliza en la sazón fisiológica, momento en que las

Alberos. Lagar de Benavides

semillas del fruto están en condiciones de germinar. No tiene necesariamente que coincidir la madurez fisiológica con la industrial, que es la coyuntura ideal para proceder a la recolección en función del uso a que se destine: consumo doméstico, pasificación y vinificación. Para la elaboración de vinos jóvenes se adelanta la vendimia, a los efectos de operar con frutos menos ricos en azúcares y de mayor acidez orgánica.

Con la madurez fisiológica comienza el agostado, reabsorción de la savia de los sarmientos hacia el tronco para acumular nutrientes de cara al año venidero. El frío adelanta la caída de la hoja y, tras la desfoliación natural de la planta, desde mediados de noviembre en adelante, según el clima de la región, se realiza la poda finalizando así el ciclo anual vegetativo de la vid, tal como antes se ha comentado.

LA PODA

Generalizando, podar es suprimir determinadas ramas de un árbol para mejorar su desarrollo y rendimiento. «Es mejor podar que labrar», dice el refrán. En el caso concreto de la vid se refiere a cortar sarmientos, brazos, e incluso, en alguna ocasión, parte del tronco.

Normalmente, se llama poda a los cortes efectuados en seco, en invierno, y poda en verde a la que se realiza sobre órganos herbáceos en el periodo de vida activa de la planta.

Tiene la poda, como primera finalidad, formar la planta al comienzo de su vida, formación que debe conservarse con posterioridad para que su cultivo sea rentable. Sin la poda la planta alcanzaría gran extensión y poca o nula cosecha, cayendo en una especie de vecería.

Con esta práctica se consigue, también, regularizar anualmente la fructificación y mejorar la calidad y peso de los racimos. Al mismo tiempo, se aumenta la longevidad del arbusto al disminuirse las pérdidas de potencial vegetativo, atendiendo al buen gobierno de la savia y a su correcta distribución. Por último, logra acomodar la cepa a su entorno, proporcionándole el tamaño y la orientación ideal en función de la variedad y del medio físico en que se desenvuelve, fundamentalmente suelo y clima.

Aunque la finalidad de esta obra no es profundizar en este tipo de materia añadimos, para el lector interesado, algunas generalidades:

- La fertilidad de las yemas varía con su situación en el sarmiento y con la variedad de vinífera. En algunas cepas fructifican las situadas en el centro del sarmiento y, en otras, las que están más próximas a la base, las denominadas ciegas o casqueras. La poda debe tener en cuenta estas características varietales.
- La actividad vegetativa de una planta depende del número de hojas, auténticos laboratorios alimentarios del resto de la planta.
- El desarrollo de los brotes es inversamente proporcional a su número, a mayor número de ellos menor vigor individual.
- Para prolongar un brazo debe elegirse siempre el sarmiento que esté más bajo. Así, se evitarán *secos* por debajo de los pulgares y excesivos alargamientos.
- La poda debe tener en cuenta la edad de la planta, su vigor vegetativo, la correcta distribución y ventilación de los sarmientos y el destino de la cosecha, intentando optimizar el vigor vegetativo.

Resumidos, se describen, a continuación, algunos de los tipos de poda más utilizados:

Poda en vaso: Clásica de muchas zonas vitícolas, entre las que se encuentran la Rioja y el Condado de Huelva. Se dejan cuatro o cinco brazos a partir del tronco central y sobre ellos se distribuyen los pulgares (base de los sarmientos podados a un par de yemas).

Poda a la ciega: Se llama, también, poda en cabeza. Es típica de zonas con veranos muy cálidos y en variedades de alta fertilidad, caso de la Pedro Ximénez en Córdoba. Es parecida a la poda en vaso, sólo que esta se reduce a «un tronco donde faltan los brazos y los pulgares se dejan alrededor de la cabeza» (Hidalgo, 79). La cantidad de heridas de poda acorta la vida de la cepa. Además, la zona central de la cabeza, al quedar exenta de pulgares, o sea, de yemas, llega a necrosarse, con el consiguiente peligro de entrada de patógenos. Por otra parte es un sistema de difícil adecuación a la mecanización.

Año de nieves. Poda a la ciega

Poda de vara y pulgar: Denominada, también, de daga y espada o Guyot sencillo. Es una poda practicada en la zona de Jerez que se adecua muy bien a las características de la variedad Palomino, típica de aquella zona. Este sistema exige un soporte de alambres. Esta forma se obtiene podando una de las ramas a pulgar y la otra, que suele dejarse hacia el otro lado, a ocho o más yemas. Al siguiente año, del lado del pulgar se dejará la vara, y del lado de la vara, el pulgar. Es decir, se va alternando vara y pulgar cada año. Dado que las yemas fértiles de la variedad Palomino se encuentran situa-das hacia la mitad del sarmiento, el pulgar no dará lugar a flores, sino que estas se encontrarán exclusivamente en los brotes de la vara, alternándose así la producción a un lado y otro de la cepa. Esta poda se encuentra dentro del tipo general de podas largas o de madera larga, y tiene muchas variantes, como el Guyot doble, triple o cuádruple.

Poda doble cordón. Conducción en espaldera

ACCIDENTES, PLAGAS Y ENFERMEDADES DE LA VID

Sólo se dedican unas líneas a estos temas para que el lector adquiera los conocimientos suficientes.

ACCIDENTES

Como cualquier otra planta, la vid está sometida a riesgos meteorológicos. Los más frecuentes y perjudiciales son las heladas y el granizo, que causan su daño máximo cuando la cepa está ya brotada. En estos estados fenológicos, tanto el hielo como el granizo destruyen las yemas con sus futuros racimos y los pámpanos. A medida que avanza la primavera el daño será mayor. Desaparecido el riesgo de heladas, ya entrado el verano, el granizo puede acabar con la cosecha destrozando los racimos.

Durante la vendimia las lluvias son perjudiciales por dos motivos: reducen la densidad, el contenido en azúcares de la uva, y propician el ataque de hongos, sobre todo si los granos comienzan a rajarse. En ocasiones, cuando las aguas no cesan de caer, es más rentable dejar la uva en las cepas, perder la cosecha, que realizar la vendimia. En regiones meridionales pueden producirse golpes de calor, desde el envero hasta la recolección, que pueden secar el fruto. Este fenómeno se conoce con los nombres de **asurado** y **escaldado**.

PLAGAS

Desde el punto de vista fitosanitario, el siglo XIX puede considerarse nefasto para el viñedo europeo. Tres grandes calamidades llegaron de Norteamérica: la **filoxera**, un insecto que destruyó la mayoría del viñedo del viejo continente, y dos gravísimas enfermedades provocadas por criptógamas: el **oídio** y el **mildeu**.

La filoxera es un insecto incluido en el Orden Hemípteros; Suborden, Homópteros; Familia, Afídidos, y Subfamilia, Filoxéridos. Fue descubierto por Planchon que lo llamó *Phyloxera vastratix* (filoxera devastadora), luego *Xerampelus vitifolii* (D'Alguercio), y de forma más extendida *Peritimbia visitana* (Wortwood).

Fue descubierto en unos invernaderos situados cerca de Londres. Al año siguiente, 1863, se encontró en Roquemanre, en la región francesa de Gard. En poco tiempo invadió los viñedos de Charentes y del Languedoc-Rousillon y, en el quinquenio 1875-80, el resto de las regiones francesas. Alemania, Austria, Córcega, Rumania, Bulgaria, Suiza y

Portugal fueron perdiendo sus cepas. En 1876 y 1878 aparecieron los primeros indicios en las provincias de Málaga y Gerona aunque hasta pasados diez años, 20 de noviembre de 1888, no se declararon oficialmente invadidas. A finales de siglo, la plaga se había extendido por casi todo el territorio español.

El ciclo biológico de la filoxera es muy complejo. Parte de un huevo de invierno, puesto previamente por una hembra sexuada, en la corteza de la madera de una vid americana. De este huevo nacerá la gallícola fundadora que se instalará en las hojas de las cepas americanas produciendo *agallas*, excrecencias abiertas por el haz y abombadas por el envés. Esta gallícola fundadora puede originar, más o menos pronto, filoxeras que emigran a las raíces y viven y se multiplican sobre ellas. Son las temidas radicícolas (cuyos dos ciclos reproductivos no van a describirse), especie de pulgón de color amarillo y pequeño tamaño que, en estado adulto, llega a alcanzar un milímetro de longitud. En esta etapa son fácilmente visibles, con una lupa, en las raicillas de las cepas en las que clava su órgano chupador para tomar jugos. Las heridas provocan necrosis que acaban rápidamente con la vida de la planta.

La propagación, si no hay vides americanas, se efectúa en estado de radicícola y de formas diversas: de planta a planta, subterráneamente o por la superficie; arrastradas por el agua hacia zonas más bajas; transportadas en el calzado, en los vestidos, en aperos y en útiles de labranza. También, en imprudentes envíos de material vegetal contaminado: sarmientos, cepas, etc. La filoxera no puede propagarse por suelos arenosos lo que explica que las vides plantadas en este tipo de terrenos se salvaran del ataque del insecto. Un caso concreto es el de Chipiona, localidad costera de la provincia de Cádiz, en la que se conservan cepas anteriores a la llegada de la filoxera.

Cuestión aparte es el enriquecimiento que la plaga supuso para las zonas vitivinícolas no contaminadas o infectadas tardíamente. El norte de España conoció un importante

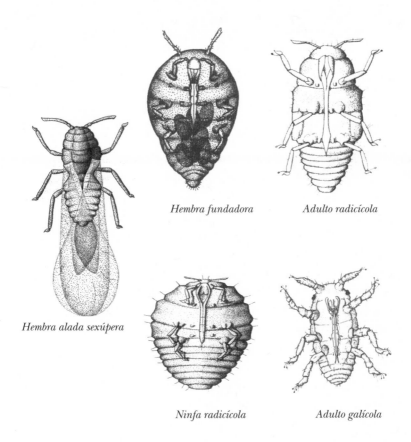

Hembra fundadora   Adulto radicícola

Hembra alada sexúpera

Ninfa radicícola   Adulto galícola

auge enológico de manos de bodegueros franceses que se instalaron allí para poder seguir atendiendo sus mercados. Al mismo tiempo, aportaron modernos conocimientos y tecnología. Zonas del centro de la Península disfrutaron también de años dorados, aunque el atraso y pésimo estado de las vías de comunicación de la España de finales del siglo XIX, y la distancia a puertos de mar, hacía la exportación más que difícil.

LOS PATRONES O PORTAINJERTOS

Se considera que la filoxera es la peor plaga que ha sufrido el viñedo europeo. Su ataque trajo, como consecuencia, la generalización del uso de patrones en la viticultura mundial.

Gracias a la resistencia de las raíces de las *vitis* americanas al ataque de las radicícolas, se pudieron reponer los viñedos afectados, utilizando para ello diferentes castas de estas vides, puras o hibridadas. Plantar patrones aptos y resistentes, adecuados al clima, al tipo de suelo y a la variedad de vinífera a injertar sobre ellos, fue la solución feliz de esta devastadora historia.

Hay un antecedente a esta solución decimonónica que se remonta a la llegada de los descubridores a tierras mejicanas. Hernán Cortés, en 1524, dispuso «que habiendo en la tierra plantas de vides de las de España en cantidad que se pueda hacer, sean obligados a engerir las cepas que tuvieren de las plantas de la tierra».

Resulta admirable advertir el método empleado por los españoles para hacer de la profusión de vides silvestres el cultivo de la Vitis vinífera. Es evidente que sobre las cepas silvestres se procedió a injertar las vides españolas. Por ello el juicio de Luis Hidalgo es certero al afirmar: «Es indudable la gran visión de Hernán Cortés al llegar a establecer, en el año 1524, la injertación de la Vitis vinífera como práctica vitícola, cuando ello no se realizaba en el resto del mundo, con más de 350 años de anticipación a cuanto la mencionada práctica se hizo necesaria en el cultivo de la vid, como consecuencia de la invasión filoxérica en Europa».

Después de más de cien años, hoy sigue siendo el único medio eficaz de defensa. En España, la plaga continúa presente en todas las regiones, salvo en Canarias y en algunas zonas atlánticas costeras. Sus consecuencias fueron tan funestas que en 1903, de un total ligeramente superior a los dos millones de hectáreas de viñedo español existentes a finales del siglo XIX, más de la mitad estaba destruido por la plaga.

No acaban aquí los nefastos efectos de la filoxera: como consecuencia del uso de los portainjertos, la edad productiva de las cepas ha disminuido considerablemente. Además, la mayor parte de las variedades que no se repusieron en aquellos años, lamentablemente, han desaparecido. Son pérdidas irrecuperables para la riqueza vitícola europea que contó con un elevadísimo número de viníferas hasta primeros del siglo XX. Consuela añadir que la ingeniería genética está ofreciendo espectaculares resultados en Viticultura, hecho que permite afirmar que, en pocos años, se comercializarán plantas de viníferas resistentes al ataque de enfermedades, de ácaros, de la filoxera y de otros insectos. En dos palabras: después de más de cien años, es probable que volvamos a beber vinos procedentes, exclusivamente, de las raíces de nuestras milenarias cepas.

OTRAS PLAGAS

Los ataques de la **piral** y de la **polilla del racimo**, salvo en algunas zonas, no suelen plantear problemas graves. Ambas suelen tratarse juntamente con la primera aplicación contra mildeu. La segunda generación de polilla es la más abundante y la que causa mayores daños, ya que las orugas penetran en el interior de las bayas. Su ataque se suele producir entre finales de junio y mediados de julio. Se trata con insecticidas, utilizándose también cebos sexuales y alimenticios.

La acariosis, la erinosis y las arañas amarilla y roja son otras plagas de la vid. Las dos primeras están motivadas por ácaros y por aracneidos las restantes. Los daños que causan afectan a los brotes, hojas y frutos.

ENFERMEDADES CRIPTOGÁMICAS

EL MILDEU

Como la filoxera, el mildeu vino de América. Este hongo fue descubierto por Planchon en 1878 y lo denominó *Plasmopara vitícola*. Es endoparásito, se desarrolla en el interior de todas las partes verdes de la planta, y hasta que pudo combatirse tuvo efectos arrasadores en los viñedos europeos, especialmente en aquellos de clima fresco y poco soleado. Aparece en las hojas, formando manchas traslúcidas de formas redondeadas o alargadas. Si no se combate, se extiende por los pámpanos y los racimos. Hasta no hace mucho el tratamiento sólo podía ser preventivo, utilizándose derivados del cobre. El más popular es el caldo bordelés, compuesto por una solución de sulfato de cobre neutralizado con cal apagada. El caldo borgoñón, su pariente próximo, utiliza carbonato neutro de sodio en lugar de cal. Afortunadamente, en los últimos años se han descubierto funguicidas sistémicos con acción curativa, que ayudan a paliar las graves consecuencias de esta nefasta enfermedad.

EL OÍDIO

Con el mildeu, el oídio, *Uncinula necator,* es otra temible enfermedad criptogámica aparecida en Francia a mediados del siglo XIX. En este caso el hongo es ectoparásito. Se desarrolla sobre todos los órganos verdes de la cepa a los que cubre con un fino polvillo de color grisáceo. A medida que avanza la invasión se van produciendo necrosis de color negruzco que detienen el crecimiento de la planta, debilitándola de tal forma que sucesivos ataques pueden provocar su desaparición. En la baya, mientras la zona del hollejo afectada deja de desarrollarse, los tejidos sanos continúan su crecimiento. Este fenómeno es el causante de que revienten los granos, dejando ver las pepitas. Si las condiciones ambientales siguen siendo favorables —humedad elevada, temperatura entre 25 y 28°— al oídio se unirá la podredumbre gris, *Botrytis cinerea,* que acabará destruyendo el fruto.

El oídio puede combatirse preventiva y curativamente. El azufre espolvoreado sigue siendo la mejor arma para evitar la aparición del hongo. Iniciada la enfermedad, se suele utilizar azufre mojable micronizado, que se mezcla con productos antimildíu, para luchar simultáneamente contra ambas criptógamas.

El clima seco y soleado, las altas temperaturas y la falta de humedad, impiden la aparición y desarrollo del oídio y de la mayoría de las enfermedades provocadas por hongos. En zonas meridionales, incluso algunos insectos desaparecen a causa del calor y la sequedad.

OTRAS ENFERMEDADES CAUSADAS POR HONGOS

Sin entrar en más detalles, citemos en este apartado el **Black-Rot** procedente, también, de Norteamérica. Es un endoparásito, como el mildeu, que ataca sólo las partes herbáceas. Se combate al mismo tiempo que el mildeu.

En España, la **podredumbre gris**, *Botrytis cinerea*, ataca fundamentalmente a los granos del racimo, precisando para ello contar con un elevado grado de humedad ambiental. Los vinos procedentes de estas uvas son deficientes, inestables, pardean y su conservación es difícil.

La **yesca** está producida por hongos que se introducen en la cepa a través de las heridas de poda. Atacan la madera inutilizándola. Se combate con arsenito sódico y, también, provocando la aireación del interior del tronco para que se sequen los micelios.

PRINCIPALES VARIEDADES DE VINÍFERAS

La vid tiene especiales facultades para mutar genéticamente y adaptarse a las condiciones climáticas y edafológicas más diversas. De ahí el gran número de variedades que se conocen. Afirmaba Virgilio que existían más variedades de uva que granos de arena en el desierto. Al parecer, en su origen, la *vitis vinífera* fue tinta, así que la uva blanca es una mutación posterior. Branas (1974) señala que las variedades de *vitis vinífera* ocupan alrededor del 95 por ciento de la superficie cultivada. El número de variedades que han sido descritas, o simplemente nombradas, se sitúa por encima de las cinco mil; lo que coloca a la vid en primer término, en lo que a riqueza de formas se refiere.

Respecto a las variedades actuales, sugiere Martínez de Toda que pueden proceder de un aporte genético de las cepas hermafroditas, traídas del Mediterráneo oriental, a las silvestres locales que son dioicas, es decir, que tienen las flores de cada sexo en pie separado. Una prueba de esta hipótesis puede ser el nombre *sauvignon* que se le aplica a algunas variedades francesas. El lector sabe que *sauvignon* significa viña salvaje.

Debido al interés que determinadas variedades van adquiriendo, a la vez que otras van decreciendo en importancia, resulta de gran utilidad, con objeto de preservar el potencial genético de la especie, conservar todas las variedades existentes, independientemente de su inmediato cultivo. Esto se lleva a cabo en los llamados bancos de germoplasma, colecciones de variedades de las que, afortunadamente, existen algunas en nuestro país.

Vista general de finca en producción en Las Tirajanas. Tenerife

LAS VARIEDADES ESPAÑOLAS MÁS CONOCIDAS

Dentro de su más o menos lejano parentesco con el resto de las variedades europeas con las que, sin duda, existen lazos de consanguinidad (la Cabernet es probable que proceda de una variedad bética, que cita Columela con el nombre de *Balisca* y que en tierras bordelesas se denominó *Biturica*), se citan las más cultivadas en España, comenzando por las blancas y finalizando por las tintas. Al mismo tiempo, se sitúan en el mapa nacional para que el lector pueda unirlas a los vinos que, con ellas, se elaboran.

LAS VARIEDADES BLANCAS

Airén. Es la variedad más extendida. Ocupa gran parte del viñedo de Castilla-La Mancha y se calcula que supone el 35 por ciento del viñedo español. Soporta bien los climas extremos y la sequía, se adapta con facilidad a todo tipo de suelos. Se defiende con valentía de las enfermedades criptogámicas y, además, es muy productiva. Hoy, correctamente elaborada, da vinos pálidos, aromáticos, agradables. Es una de las variedades españolas más antiguas. En el siglo XV se la denominaba Lairén, tal como se la sigue llamando en el marco Montilla-Moriles, en el que ocupa una pequeña extensión.

Albariño. Excelente vidueño cultivado en las denominaciones Rías Baíxas —sudoeste de Galicia— y en la lindera de Vinhos Verdes, al norte de Portugal. Ofrece al consumidor un excelente vino blanco, aromático, floral y afrutado, ácido y persistente. Como en el caso de la Godello y de la andaluza Pedro Ximénez, que más adelante veremos, también se rumorea que llegó en un zurrón desde tierras europeas más septentrionales; en este caso, y siguiendo la ruta jacobea, concretamente, en el de un monje que cortó unos sarmientos en el Rin.

Cayetana. Poco conocida, extiende sus dominios por el sur de la denominación de origen Ribera de Guadiana. Rústica, ubérrima, ha sido una de las mayores proveedoras de vino destinado a la elaboración de holandas.

Garnacha blanca. Se cultiva en Aragón, Cataluña y Navarra, apareciendo como variedad principal o preferente en la mayoría de sus denominaciones de origen. Es una mutación de la garnacha tinta. Da mostos de buena graduación y cortos de acidez, suaves y agradables, muy sensibles a la oxidación.

Godello. Otra variedad gallega, en este caso de la denominación de origen Valdeorras, que da vinos ácidos, suaves, aterciopelados, pálidos y aromáticos, con graduación alcohólica que puede llegar a alcanzar los 14°, aunque los parámetros normales sitúan el alcohol entre los 11 y 13° y la acidez total entre 5'5 y 7'5 gramos de ácido tartárico por litro.

Jaén. Ocupa viñedos andaluces orientales y castellano manchegos. La realidad es que, siendo una de las variedades más antiguas y citadas, con su nombre se denomina, en muchas localidades, a un indeterminado número de cepas. Poco parecido tiene la Jaén alpujarreña con alguna que hemos visto por el centro ibérico. Proporciona en la sierra granadina vinos amarillentos, de buena graduación alcohólica, con tonos anisados y algo neutros en boca.

Macabeo. Esta variedad es la más extendida por el norte de España, sobre todo en Cataluña. En Rioja se conoce con el nombre de Viura. Se cultiva también en Aragón, Navarra, Valladolid y, recientemente, en La Mancha, Madrid y en la Alpujarra almeriense. Elaborada tradicionalmente da vinos ligeros, algo ácidos, con tonos a la nariz que recuerdan el aroma del heno. Fue el Marqués de Murrieta, a finales del siglo pasado, quien comenzó a criar este vino en barrica, con excelentes resultados.

Malvar. Es una variedad poco cultivada, salvo en la denominación de origen Vinos de Madrid y en alguna provincia limítrofe. Algunos autores afirman que tiene un cierto parentesco con la Airén. La realidad es que al autor le sorprendió, gratamente, el aroma de unos vinos elaborados con esta uva que tuvo, un buen día, el gusto de catar.

Malvasía. Es una variedad de acrisolada antigüedad. Las citas históricas son numerosísimas. Por un vaso de malvasía y un muslo de capón vendió Falstaff su alma al diablo. Parece que tiene su origen en el sur del Peloponeso, en los alrededores del puerto de Monembasia y que llegó a las costas mediterráneas españolas en el siglo XV. Tras varios siglos de pujanza, hoy su cultivo está limitado a determinadas zonas catalanas, levantinas y aragonesas. Se está volviendo a plantar en Canarias, especialmente en Lanzarote y en Tenerife, donde alcanzó elevadas cotas de mercado durante los siglos XVI y XVII, dando lugar al *canary sack*. El abuso de los comerciantes ingleses dio lugar a la famosa noche del derrame de vino. El vino malvasía clásico, que recuerda algo al moscatel, tiene un agradable sabor, ácido y dulce al mismo tiempo, y un aroma tan atrayente que las damas lo utilizaban para perfumarse. Se cultiva también en Cerdeña, Sicilia, en el centro de Italia y es una de las variedades ancestrales de Madeira.

Merseguera. Proporciona uno de los blancos más finos de la Comunidad Valenciana. Frescos, aromáticos, con ciertos tonos entre herbáceos y ligeramente anisados. Se cultiva en las sierras por las que se extienden las denominaciones de origen levantinas, siempre a muchos metros sobre el nivel del mar, y da su mejor resultado en la comarca de Alto Turia.

Moscatel. Con la Malvasía, literariamente, la Moscatel es una de las cepas más antiguas que se conocen. Parece que la cultivaron los egipcios, quienes le daban el nombre de

Zibible. Raro es el escritor agronómico anterior a Cristo que no la cita, atribuyéndole siempre unos maléficos efectos sobre el organismo que reprodujeron, luego, los enciclopedistas de nuestra era, desde Columela hasta, al menos, Alonso de Herrera. Los efectos denunciados eran dolores de cabeza, malignas fermentaciones estomacales... Pensamos que era esta una manera de evitar que fueran codiciadas por los amigos de lo ajeno ya que, además de para vinificación, es excelente para consumo directo y para pasificación.

Con ella se elaboran unos deliciosos vinos dulces, sabrosos, aromáticos, con tonos que van desde el amarillo dorado hasta el azabache para los que han permanecido mucho tiempo en madera. A la Moscatel se la llamó apiana, por la proclividad que muestran hacia ella avispas y abejas. Su cultivo está muy extendido por toda España, especialmente por las provincias de Cádiz y Málaga, Aragón, Cataluña, Canarias, Navarra y Valencia y, en el ámbito internacional, en Italia —Lombardía—, en Francia —Alsacia y Languedoc— y en Portugal —Setúbal.

De entre las numerosas variedades existentes, las más cultivadas son la Moscatel de Alejandría y la Moscatel de grano menudo.

Tan mediterránea es, que decía Rojas Clemente: «sólo madura bien bajo el clima del naranjo y el olivo».

Palomino. Es la variedad principal de los marcos jerezano y sanluqueño. Se cultiva también en el Condado de Huelva, en el Bierzo, Ribeiro, Rueda y Valdeorras. Pemartín une su origen al nombre de Fernán Yáñez Palomino, caballero que acompañaba a Alfonso X cuando el rey sabio llegó a Jerez.

La uva es de tamaño mediano y uniforme, ligeramente aplastada, de color verde amarillento, hollejo fino, alto rendimiento en mosto, sabor neutro y resistencia media al ataque de criptógamas. Sus vinos alcanzan graduaciones comprendidas entre los 11 y 13°.

A pesar del parecido fonético, la Palomino de Jerez (también conocida con las sinonimias Jerezano, Palomina,

Palomino basto y Palomino chato), de origen remoto y común con la Palomino fino, hoy prácticamente no se cultiva por su tendencia al corrimiento. Este fenómeno acarrea una importante disminución del número de bayas por racimo y, consecuentemente, de la cosecha. En condiciones normales, cuando el cuajado es bueno, el rendimiento es similar en kilos y algo superior en densidad y acidez total del mosto. El grano es ligeramente achatado y el resto de las características muy parecidas a las de su pariente cercano, la Palomino fino, uva con la que se elabora casi toda la amplia gama de vinos gaditanos: manzanillas, finos, amontillados, olorosos, creams... salvo, claro está, los moscateles y pedro ximénez.

Parellada. Puede afirmarse que es la gran aportación de José Raventós a la elaboración del cava catalán. Aquel primer espumoso, nacido a finales del siglo pasado, utilizaba esta uva que, como afirma José Peñín, contrarresta el vigor excesivo de la Xarel-lo y aporta gracia, elegancia y suavidad, además de un sutil aroma floral.

Pedro Ximénez. Es probable que esta cepa ocupe en Andalucía mayor número de hectáreas que la Palomino, puesto que es variedad principal de las denominaciones de origen Málaga y Montilla-Moriles, extendiéndose también por algunos pagos alicantinos, jiennenses, murcianos, onubenses y sevillanos. Su origen es controvertido. La versión más divulgada de su origen es la de aquel soldado de los tercios de Carlos V, que la trajo en su zurrón desde el vitífero valle del Rin, adonde había llegado desde las islas de Madeira, y a estas desde Grecia. Se discuten la cuna del guerrero viticultor al menos tres ciudades: Montilla, Málaga y Villanueva del Ariscal; y de alguna más con deseos de participar de tan singular acaecimiento tenemos noticias. Otra versión sitúa su cultivo, con anterioridad al siglo XV, en el sur de la provincia de Cádiz, en Jimena de la Frontera. De Jimena, Jiménez.

Bodega Doña Paca. Moreno, S.A. Córdoba

Un experto arabista malagueño apuntó otra posibilidad, insinuando que las palabras pedro ximénez vienen a sonar en nuestros oídos igual que gota dorada en árabe. Por otra parte, T. A. Layton afirma que en la Inglaterra del siglo XVI se conocía esta variedad con el nombre de *Peter see me.*

El autor puede añadir que tiene noticias de que, en la Facultad de Filosofía y Letras de Córdoba, se han encontrado citas de esta uva anteriores al siglo XVI. Como parece que la arqueología enológica está empezando a interesar a los investigadores, presumimos que pronto se conocerá su procedencia con mayor exactitud.

Morfológicamente es uva redonda, de piel fina, casi transparente, delicada y muy sensible a los climas húmedos. Por este motivo ha dejado de cultivarse en el marco de Jerez donde, hasta no hace mucho, ocupaba una superficie considerable. Los marítimos rocíos la pudren con facilidad.

Encuentra su hábitat ideal en climas secos y calurosos, proporcionando vinos generosos de gran finura y elevado grado alcohólico natural. Polifacética, es también la materia prima exclusiva del exquisito vino dulce que lleva su nombre. Se cultiva en Andalucía, Canarias y Levante.

Treixadura. Es la variedad principal de la denominación de origen Ribeiro. Recuerda a la nariz a su vecina Albariño, con la que mezcla admirablemente. Se le achaca que ofrece ciertas dificultades a la hora de fermentar, aseveración que no nos han confirmado *in situ.*

Verdejo. Es otra de nuestras grandes uvas. Variedad principal de la denominación de origen Rueda, da vinos pálidos, con tonos amarillo verdosos, afrutados, sabrosos y frescos en boca, que evolucionan admirablemente en barrica. Se cultiva poco fuera del marco vallisoletano.

Xarel-lo. Es, unida a la Parellada y la Macabeo, la materia prima clásica para la elaboración de espumosos en Cataluña. A las anteriores aporta cuerpo, cierta acidez y un delicado tono amarillo. Se cultiva también en Alella, interviniendo en el clásico vino marfil de esta denominación. Su origen es remoto.

Zalema. Es la variedad principal de la denominación de origen Condado de Huelva junto con la Listán, esta última pariente próxima, según autores, de la Palomino fino.

La Zalema ha destacado como variedad idónea para la elaboración de blancos jóvenes y, actualmente, se está utilizando con éxito en la de espumosos. Tradicionalmente se ha dedicado a la producción de vinos de crianza oxidativa, tipo oloroso, raya, etc. Es rústica y ubérrima en su cosecha.

LAS VARIEDADES TINTAS

Bobal. Extiende sus dominios por las comunidades valenciana y murciana, siendo la variedad principal de la denominación de origen Utiel-Requena. Proporciona vinos cortos de alcohol, alrededor de 11'5°, y con cierta acidez fija, entre 5'5 y 6'5 gramos de tartárico por litro, lo que no deja de ser una notable excepción dentro de las cepas tintas mediterráneas. Además, es fértil y con ella se elaboran delicados rosados y tintos de intenso color cereza con tonos violetas, aromas herbáceos y llenos en la boca.

Cariñena o Mazuela. Cepa muy productiva, de la que existen referencias, al menos, desde el siglo XII. Se cultiva en las denominaciones Cariñena, Priorato, y en Rioja con el nombre de Mazuela. En suelos fértiles puede llegar a dar abundantes cosechas de vinos poco expresivos, mientras que en ladera y suelos apropiados llegan a alcanzar excelentes calidades. Envejece bien en madera, gracias a su alta tonalidad cromática y a su riqueza tánica. Es una excelente compañera de la Garnacha, a la que presta acidez y cuerpo. Se cultiva también en California y el Midí francés.

Garnacha tinta. Es otra de las variedades clásicas españolas, y se extiende por casi todas sus regiones vitícolas. Es más fácil citar en donde no se cultiva —que sepamos no se encuentra ni en Cádiz ni en Huelva—, que enumerar las denominaciones en las que está presente; aunque en algunas apenas se nombre. Tras siglos en los que fue poco estimada, marcos como Campo de Borja, Priorato y Tarragona están obteniendo vinos más que apreciables de estas uvas. Rústica, resistente a la sequía, al frío y al calor, a casi todo, produce vinos con buena riqueza alcohólica, cortos de acidez y tan sensibles a la oxidación que, después de unos años en madera, llegan a parecer rayas andaluzas. Buena prueba de ello es el tan apreciado Fondillón alicantino, o algunos rancios de Cariñena. Combina con la Tempranillo, en general con otras variedades más ácidas y tánicas, a las que proporciona estructura, sostén, colaborando en su correcta crianza.

Se cultiva también en Australia, donde ocupa unas cuatro mil hectáreas, y en varias regiones francesas, siendo en el país vecino la uva base del Chateauneuf du Pape. Es la variedad tinta más cultivada en el mundo.

Garnacha tintorera. El autor recuerda con nostalgia esta variedad que elaboraba, años ha, en lagares familiares de la Sierra Norte sevillana. El color de su mosto no se olvida. Mancha la ropa y las manos de tal forma, que resulta realmente difícil hacer desaparecer su tonalidad morada.

Da vinos ricos en alcohol, de mucho color —no olvidemos que su zumo es rojo violáceo— y extracto, utilizados desde siempre para fortificar a otros, como vino de *coupage*, de mezcla. Es muy sensible también a la oxidación, con espectaculares formaciones de sedimentos en la botella, constituidos por materia colorante. Se cultiva en las provincias de Alicante, Albacete y en algunos pagos de la región gallega. En la denominación de origen Almansa, Bodegas Piqueras está obteniendo excelentes vinos de esta variedad, mezclada con Tempranillo y Monastrell.

Graciano. Decía Pedro López de Heredia que esta variedad era la *gracia* del Rioja. Ciertamente, aporta al vino de esta denominación de origen color, un agradable aroma y sabor, complementando a la Tempranillo, a la Garnacha y a la Mazuela. Expertos hay que afirman que, sin esta uva, el Rioja pierde cualidades. Sus exigencias culturales han provocado una importante recesión de la superficie plantada, pero sus virtudes están consiguiendo que vuelva a cultivarse en pagos de la Rioja Alta, donde encuentra su hábitat ideal.

Mencía. Reina en el Bierzo, en Ribera Sacra y en Valdeorras. Su origen es discutido: para unos llegó por la vía jacobea; para otros es la Cabernet franc que vino a repoblar los viñedos de estas tierras tras la filoxera; incluso hay quien afirma que llegó de Cataluña... vaya usted a saber, querido lector.

Da vinos con buena graduación de alcohol, frescos y aromáticos, sabrosos, con notables matices violáceos.

Monastrell. Ya hemos citado a esta cepa mediterránea que se extiende por Murcia, Alicante, Valencia y el sur de Cataluña, adentrándose en Aragón. Proclive a la oxidación, da vinos ricos en alcohol, carnosos, que envejecen bien en madera llegando a alcanzar tonos entre piel de cebolla y caoba. Se utilizan, con los de Garnacha, para la elaboración del Fondillón. Las mistelas de Monastrell son dulces y aromáticas... singulares.

Prieto picudo. Con esta variedad de uvas prietas y azuladas se producen tintos muy aromáticos, con matices entre guinda y cereza.

Desde que empecé a estudiar Enología —entonces mi libro de texto preferido era el Marcilla— sentí curiosidad por conocer esta variedad, de la que contaba el ilustre profesor que era utilizada para elaborar los tradicionales vinos de aguja de la Bañeza, en la provincia de León. Pasados los años, tuve la fortuna de probar una vieja botella de este vino que guardaba mi padre en un sótano de la casa de la viña, en Fuente Reina. La realidad es que me pareció excelente. Debo añadir que el vino olía bien, mantenía el color y era agradablemente ácido en la boca, además de chispeante.

Tempranillo. Cencibel en La Mancha, Escobera en Extremadura, Tinto fino, Tinto del país en la Ribera del Duero, Tinto Madrid, Ull de Llebre en Cataluña... La Tempranillo es, probablemente, la reina de las uvas tintas españolas. Su nombre expresa la precocidad de su maduración, respecto de otras variedades con las que convive, y de todos es conocido que forma parte de los más afamados vinos tintos españoles. Da sus mejores frutos en climas septentrionales, en terrenos arcilloso-calizos de orografía ondulada y orientación mediodía. Su alta capacidad, en relación con otras variedades, para absorber potasio del suelo, motiva una reducción de la acidez total del mosto, al tiempo que le imprime un característico color morado al vino.

En la nariz tiene un típico aroma que recuerda a la mora, a la tinta de estilográfica y al cartón humedecido. En la boca, los vinos de Tempranillo son frescos y secos. Envejecen bien en madera, redondeando sus cualidades con el paso de los años. Como el lector conoce, es la materia prima, sola o mezclada con otras cepas, de los Ribera de Duero, de los Rioja y de otros muchos grandes tintos españoles de calidad.

Tinta de Toro. Lejanos lazos existen entre esta uva y la Tempranillo, parentesco que se ha ido perdiendo con el paso de los siglos y la aclimatación al suelo y al clima continental de la denominación de origen Toro. Fueron, por su robustez, vinos que viajaban sin menoscabo a ultramar, y para ellos tuvieron elogiosas frases el Arcipreste de Hita, el cordobés Luís de Góngora, Quevedo... Juan Marcilla, ya en los años cuarenta de nuestro siglo, decía que eran «vinos muy tintos, robustos, ricos en extracto, armoniosos al paladar y al análisis...»

Los actuales vinos de Toro difieren de este arquetipo. Son más ligeros, menos alcohólicos, más suaves, aun manteniendo una decidida tonalidad más próxima a los matices violetas que a los morados. Con la Garnacha dan unos excelentes rosados, perfumados y sabrosos.

VARIEDADES INTERNACIONALES MÁS CONOCIDAS

Sería prolijo enumerar las cepas más cultivadas en el resto de los países vitícolas europeos y en otros continentes. No es esa la finalidad de una obra de este tipo, que sólo pretende introducir al lector aficionado en el complejo mundo del vino. Por ello, vamos a limitarnos a citar las variedades foráneas más renombradas a escala nacional que se cultivan en España y que, por ende, entran en la constitución de algunos conocidos vinos españoles.

Valga hacer antes una reflexión: es difícil aclimatar a climas cálidos una planta que procede de tierras septentrionales, con escasa insolación, grandes fríos y veranos cortos. Pero, lo dice el sabio refrán, nadie escarmienta en cabeza ajena. Hemos visto vinos, elaborados con famosas variedades tintas francesas, que habían madurado a mediados de julio, que habían terminado la fermentación con 15° de alcohol y, por añadidura, estaban oxidados, neutros, sin personalidad... Poco más podemos decir de algunos blancos, procedentes de vides alemanas plantadas en climas cálidos. Tras su vinificación, sólo recordaban remotamente las virtudes, aromas y frescura, que las caracterizan cuando se cultivan en tierras germánicas.

En lenguaje coloquial, podríamos decir que es más fácil que un meridional trabaje en Suecia que un sueco en Andalucía; sobre todo en verano. Lo lamentable es que se siga invirtiendo en caros ensayos, en lugar de intentar diversificar los productos trayendo cepas de regiones con condiciones climáticas, al menos, parecidas. La abundante superficie foliar de una cepa Riesling cultivada, por ejemplo, en tierras almerienses, acelera el ciclo vegetativo de la planta; de tal forma que su fruto madura allí cuando en su país natal aún está enverando. Pensamos que hay que mirar en otras direcciones, probablemente hacia el sur, antes de embarcarse reiterativamente en experiencias ya hechas, y cuyos resultados han sido pocos o nada convincentes, sobre todo en lo que respecta a las variedades tintas.

Chardonnay. He oído asegurar, a distinguidos enólogos, que esta variedad es la reina de las blancas. Es necesario añadir que se cultiva en tal amplitud geográfica, que sus resultados están en función de las condiciones edafológicas y climáticas, como antes apuntábamos. A pesar de ello, la nobleza de esta uva consigue que, incluso en climas cálidos, permanezcan buena parte de sus características organolépticas: frescura, untuosidad y delicado aroma entre frutal y ahumado que, con el tiempo, evoluciona hacia tonos que recuerdan la mantequilla. Variedad principal de la Borgoña, es allí donde mejor expresa sus virtudes. Más al norte, se utiliza en la elaboración del champaña. En España se cultiva en Cataluña, Navarra, Somontano... Evoluciona muy bien en barrica.

Gewürztraminer. Su hábitat son los valles de los ríos alemanes y las laderas alsacianas de los Vosgos. Da vinos dorados, con aromas intensos que recuerdan a los de la uva Moscatel y también, a criterio del autor, al olor del mango, fruto tropical. Se afirma que es de origen italiano. Sus granos, ovoidales, están ligeramente tintados. En España podemos encontrarla en Cataluña y Somontano.

Riesling. Clásica y perfumada variedad blanca alemana, que extiende sus dominios por los valles del Rin y del Mosela, por Alsacia, Australia y California, entre otras muchas regiones. En nuestro ámbito nacional, se ha plantado en el Penedés y en la denominación de origen Somontano.

Es la base de una amplia escala de vinos germanos, que gozan de fama mundial y del uso del predicativo que los define, en función del tiempo de sobremaduración en la cepa. La gama comienza con el *kabinett*, elaborado con uva madura, y finaliza con el *eiswein*, vino de hielo, procedente de uvas que, lentamente, se han deshidratado en la cepa hasta alcanzar elevadas densidades, gracias a que se recolectan a finales de otoño e incluso en los primeros días invernales. El *trokenbeerenauslese*, alguno con cierto olor a *penicílium*, es el representante de los procedentes de granos atacados por la *Botrytis cinerea*, por la podredumbre noble.

Debe considerarse que, al deshidratar la uva, se concentran al mismo tiempo los ácidos y los azúcares, alcanzando algunos mostos hasta 9 y 10 gramos de tartárico por litro, y densidades superiores a 240 gramos de azúcar por litro; dulzor que los equilibra en boca. Sin duda, ambos factores permiten una larga crianza, durante la que adquieren dorados tonos cromáticos y un agradable olor a miel; a veces con un cierto trasfondo que nos hace pensar en algún combustible. Los vinos nuevos, perfumados, son pálidos, frescos, equilibrados, con tonos melosos a la nariz.

Sauvignon blanc. Volvemos a Francia, para hablar de esta aromática variedad que se cultiva, principalmente, en Burdeos y en el Loira. ¿A qué huele? Coloquialmente se dice que a orina de gato, pero su nariz silvestre es más compleja, con notas de casis (planta muy parecida a la grosella pero de fruto más oscuro que se utiliza para hacer confituras) y menta. Como vino, podemos añadir que es agradable en todos los sentidos. Ahí están los de Rueda para demostrarlo pero, lector, si tiene oportunidad cate un Château d'Yquem elaborado con esta uva y Semillon. Ya nos dirá si le gusta. Esta es también la mezcla más usual y, probablemente, más acertada para los vinos jóvenes bordeleses.

Semillon. Con esta variedad, también francesa, finalizamos la descripción de uvas blancas internacionales. Es la variedad principal de la denominación *Sauternes* que, atacada por la podredumbre noble, da los singulares vinos licorosos de este afamado marco. Elaborada de forma tradicional, y mezclada con la Sauvignon blanc, proporciona vinos finos, secos, alegres, mostrando así su versatilidad.

VARIEDADES TINTAS

Cabernet sauvignon. Cabe preguntarse en qué región vitícola del mundo no se ha plantado esta variedad. El autor la ha encontrado, entre otros cientos de lugares, cerca de Arequipa, en Perú, alejadísima de su Aquitania natal. No se equivoca quien afirma que es la variedad más conocida del orbe, y la que ha creado un singular estilo dentro del mundo de los vinos tintos. ¿Qué tiene la Cabernet sauvignon que no tengan otras? Comenzando por su aspecto, las pequeñas y apretadas bayas tienen un color azulado negruzco, forma esférica y, he aquí la diferencia, un hollejo singularmente grueso. De ahí la sinonimia Vidure sauvignonne, utilizada frecuentemente hasta el siglo pasado. La diferenciación está en la piel, que acumula perfumados aromas y una elevada riqueza cromática; los cuales, cedidos al vino, le confieren una gran longevidad en madera y en botella sin perder, apenas, sus características primigenias.

Su reino es el Medoc, la región vitícola bordelesa situada en la margen izquierda del Gironde, que comienza en el límite norte de Graves y finaliza cerca del estuario del río. La constitución del suelo —cantos rodados sobre fondos arcilloso calizos y arena— permiten una excelente sazón. Los guijarros acumulan calor y reverberan la luz para madurar los racimos desde abajo, donde no llegan los rayos solares. Las arenas consiguen que drene el agua en los años lluviosos. Pasan los cabernet varios años en barrica, alcanzando tonos especiados que se suman a los de grosella y trufa, característicos de los grandes pagos, sin perder nunca los que recuerdan al pimiento verde. El color de estos vinos es intenso y vivo, inconfundible, aunque se hayan mezclado con Merlot para suavizar sus taninos.

En España se cultiva en numerosas regiones. Sus primeros introductores fueron el Marqués de Riscal (1862) y Eloy Lecanda. Este último empezó a cultivarla en sus viñedos de Valbuena de Duero, en 1864, junto con la Merlot y la Malbec. Hagamos un paréntesis: la explotación se llamaba Pagos de la Vega de Santa Cecilia y Carrascal. Ya sabe el lector de dónde deriva el nombre Vega Sicilia.

Merlot. Compañera bordelesa de la Cabernet sauvignon, es variedad más temprana, de la que se obtienen vinos con menor intensidad cromática y aromática, y de evolución más rápida. Su aroma característico es similar al del casis. Tiene también tonos que recuerdan a la violeta.

Es la uva de Pomerol y Saint Emilion, ensamblada en estas denominaciones con la Cabernet franc. Da vinos más suaves y cálidos que los del Medoc y menos longevos.

Además de en la Ribera de Duero, en España se cultiva en Alicante, Lérida (Raimat), Navarra y Penedés.

No es frecuente encontrar en el mercado monovarietales de Merlot.

Pinot noir. Es la variedad principal tinta de la Borgoña; la blanca es la Chardonnay. Se cultiva también en la región de Champaña donde, vinificada en blanco, se utiliza para redondear el equilibrio de estos grandes vinos espumosos.

Variedad delicada, sus aromas juveniles a pequeñas frutas rojas evolucionan, en la crianza, hacia tonos de caza.

En España se encuentra en Cataluña y en varias zonas a escala experimental.

Syrah. Produce excelentes vinos en Francia, en el valle del Ródano, y, por eso la citamos. Está empezando a dar buenos resultados en viñedos españoles mediterráneos. Es probable que con esta cepa hayan acertado los investigadores murcianos. El tiempo lo dirá.

CAPÍTULO III

LA ELABORACIÓN DEL VINO

Como ya sabe el lector, la vendimia comienza cuando el elaborador entiende que la uva ha llegado a su punto ideal de madurez industrial, madurez que no tiene por qué coincidir con la fisiológica. Es obvio que, para la obtención de vinos blancos jóvenes, ligeramente ácidos, se debe adelantar la vendimia. Si, por el contrario, se desea alcanzar el máximo contenido en azúcares, se intentará retrasar la corta en la medida de lo posible, sobremadurando en la cepa.

El estado sanitario del fruto va a influir, decididamente, en la calidad del futuro vino. La uva debe estar sana y entera. En las heridas provocadas por fenómenos meteorológicos y ataques de insectos, aparecen y se desarrollan todo tipo de microorganismos, entre ellos la temible *Botrytis cinerea* o podredumbre gris, que merma considerablemente la finura de los caldos y su aptitud para la crianza. Conviene, también, seleccionar en la propia cepa, separando los racimos maduros de los agraces, y eliminando los atacados por criptógamas e insectos. En zonas cálidas es recomendable comenzar la corta a primeras horas de la mañana, antes de que la uva adquiera la elevada temperatura ambiental.

El tiempo entre la corta y la molturación debe ser lo más breve posible. El fruto ha de llegar al lagar en las mejores condiciones. La baya debe permanecer entera, transportándose con delicadeza desde la cepa a la tolva, procurando que el hollejo no se rompa y que, en general, no se produzcan pérdidas de mosto que serán luego focos de microfermentaciones indeseadas y difíciles de controlar.

La caja de plástico perforada, de unos 14 kilos de capacidad, es el envase ideal para el acarreo; ya que puede apilarse sin apelmazar la uva y fregarse luego con facilidad. Si la distancia es corta y la carga no excesiva, puede utilizarse el remolque o la caja del camión, protegida siempre por un toldo para evitar contactos con superficies metálicas; procurando, además, no comprimir los racimos.

Inicio de la vendimia en la D.O. Alicante

El elaborador diferencia las uvas cualitativamente conociendo que, a igualdad de factores, los mejores caldos procederán de viñedos de más de veinte años de edad, plantados en terrenos ricos en carbonato cálcico, profundos, situados en ladera y con orientación mediodía. La finura de los grandes vinos viene marcada, en buena parte, por el suelo donde se cultiva la vid. Piense el lector en los más afamados y siempre encontrará la nota común de la blancura del terreno, terrenos que en Andalucía se denominan albarizas o alberos.

Abundando en este tipo de suelo, recordemos que «la albariza es una roca orgánica, blanda y deleznable, formada por la sedimentación en aguas dulces, en general, de carbonato cálcico, caparazones de algas silíceas diatomáceas, espículas de radiolarios y arenas finas. Contiene casi siempre un alto porcentaje de caliza, que alcanza en algunas parcelas más del 90 por ciento» (Casas Lucas).

Quizá las vendimias más tempranas de España sean las de las denominaciones de origen Montilla-Moriles y Ribera de Guadiana, que comienzan entre mediados y finales de agosto. En las zonas ibéricas más frías suele iniciarse a primeros de octubre.

EL LAGAR

Lagar, jaraíz, ¿dónde se pisó la uva por vez primera? ¿Cómo fue la primera prensa? Antiquísimas pinturas egipcias reproducen escenas de la vendimia, pisa de la uva y prensado de los racimos, colocados en grandes lienzos, que los operarios iban retorciendo para extraer más mosto. El zumo era vertido en ánforas aledañas, donde fermentaba. Desde los tiempos más remotos ha comenzado la vendimia con celebraciones festivas, que luego se repetían a lo largo del año. Ya se ha hablado de ellas.

Se inicia el proceso. Ya está la uva en la tolva. Unos rodillos acanalados van a ocuparse, simplemente, de romper la baya sin dilacerar el hollejo ni el raspón, y sin romper las pepitas, las semillas. A continuación la despalilladora, un cilindro agujereado que gira a considerable velocidad, va a separar los hollejos y la pulpa del resto del racimo, del escobajo, para evitar que transmita al zumo sabores astringentes y olores herbáceos. Empieza a caer el primer mosto, de primera calidad, el mosto virgen o yema.

La uva molida seguirá su camino hacia la prensa. Desde las primitivas de pleita, pasando por las de viga y husillo, hasta llegar a las modernas e inteligentes neumáticas, han pasado miles de años. En vinificaciones en blanco, o en virgen que también se llaman así, las prensas neumáticas proporcionan los mostos más finos; dedicándose los procedentes de la molturación y primer aprieto, generalmente, para los vinos de mayor calidad. Durante este proceso es conveniente evitar las oxidaciones, el contacto del zumo de uva con el aire y con piezas metálicas, cuyas superficies estén desprotegidas y puedan ser atacadas y solubilizadas por el zumo, aunque sea en mínima proporción.

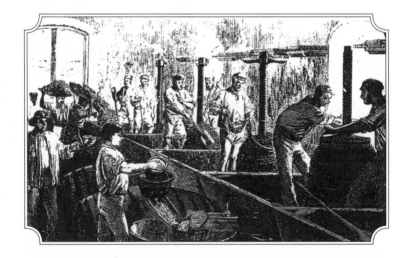

Grabado de un Lagar del siglo XIX

El hierro y otros metales de la maquinaria y de los utensilios de bodega, que no estén debidamente recubiertos por pinturas, resinas, barnices u otras sustancias que lo aíslen del mosto, pueden provocar quiebras y alteraciones posteriores en el vino. La acidez natural del zumo y del vino ataca al hierro desprotegido, disolviéndolo. Para valorar la cuantía de este hecho comentamos el caso ocurrido en una gran cooperativa: conocido el contenido en hierro del zumo de uva, por análisis en laboratorio, y hallados posteriormente los miligramos de este metal presentes en el vino elaborado en aquel enorme lagar, se calculó que se habían disuelto, en el transcurso de la vendimia, 500 kilos de hierro procedentes de tolvas, moledoras, prensas, bombas... Afortunadamente este problema se ha resuelto con el empleo del acero inoxidable y de compuestos sintéticos, resinas, pinturas, plásticos, etc., resistentes a la acidez orgánica natural de la uva.

LAS LEVADURAS

Hasta que Louis Pasteur descubrió el mundo de la microbiología y su relación con el vino, se consideraba que la fermentación era un proceso espontáneo en el que el mosto aumentaba de temperatura, burbujeaba (fermentación viene de la palabra latina *fervere,* hervir), desaparecía el azúcar y se producía alcohol. Este fenómeno se achacaba a una degradación de la materia orgánica del zumo. No quiere decir esto que, empíricamente, no se supiese elaborar un buen vino. Los principios básicos existían, y aún pueden leerse en enciclopedias agrícolas editadas hace quinientos años.

Las levaduras enológicas son hongos ascomicetos, unicelulares, que tienen la capacidad de transformar el zumo de la uva, de compleja constitución (rico en azúcares —glucosa y fructosa— y ácidos, con buen contenido en proteínas y vitaminas) en vino; formando una serie de nuevos componentes, entre los que destacan el alcohol etílico y el anhídrido carbónico, como productos finales y principales. Tras la fermentación permanecen los ácidos orgánicos, parte de los aromas primarios, la materia colorante de la uva y otros muchos compuestos; entre ellos el Resveratrol que, como el lector conoce, tiene un decidido efecto anticancerígeno. Aparecen, sintetizados por las levaduras, una larga relación de nuevas sustancias que sería prolijo enumerar.

Las levaduras tienen formas diversas: redondeadas, elípticas, alargadas y apiculadas... Se reproducen por gemación cuando encuentran un medio ideal para desarrollarse, por ejemplo el mosto, y forman ascas si el ambiente se vuelve hostil por exceso de alcohol, por falta de azúcares... Dentro de estas ascas, de estos saquitos, hay esporas que comenzarán de nuevo el ciclo, cuando las circunstancias les sean favorables. Mientras tanto, permanecerán a la espera, unidas a la maquinaria del lagar, resguardadas en grietas y rincones de las bodegas, en el terreno y en los troncos de las cepas. Cuando se aproxima la madurez, transportadas por el aire y por los insectos, se adhieren a la pruina que recubre el hollejo y, unidas a las bayas, llegan al lagar. Tras la molturación se incorporan al mosto.

Su tamaño es microscópico, entre 2 y 10 micras. Hay una docena de géneros de levaduras vínicas que, a su vez, se dividen en especies. Tan numerosas son las que intervienen en la fermentación, que se han identificado más de setenta. Una de las más frecuentes es la *Saccharomyces ellipsoideus*, también llamada *Saccharomyces cerevisie*, seguida de la *Kloeckera apiculata* —levaduras de forma apiculada—, de la *Saccharomyces chevalieri*, abundante en las uvas tintas, y de la *Saccharomyces oviformis o bayanus*.

Salvo que se empleen levaduras seleccionadas —debemos añadir que nunca se consigue exterminar a las locales— son las autóctonas las que se ocupan del proceso. Las especies de levaduras son prácticamente iguales en todas las regiones vitícolas, aunque, lógicamente, están adaptadas a las condiciones del entorno.

Para terminar, digamos que las distintas especies se van sucediendo a lo largo de la fermentación. Comienzan las *apiculadas*, que no son aptas para producir más allá de 3 ó 4° de alcohol, continúan las *elipsoideas*, dotadas de un gran vigor fermentativo y finalizan las *oviformes*, capaces de alcanzar y de soportar altas concentraciones de alcohol. Valga citar la elevada graduación natural de los mostos montillanos, como ejemplo claro de la bravura de esta especie de levaduras. Como curiosidad para el lector, añadimos que *Saccharomyces* significa literalmente: hongo del azúcar, que transforma el azúcar.

Junto con las levaduras enológicamente interesantes, se incorporan al mosto multitud de bacterias, y de otras levaduras, cuya presencia es poco o nada recomendable. La asepsia en el proceso fermentativo, el correcto uso del anhídrido sulfuroso y las prácticas enológicas posteriores a la fermentación nos permitirán mantener el vino sano e inmune al ataque de esta microflora indeseada.

EL DESFANGADO Y LA CORRECCIÓN DE LOS MOSTOS

Ya está el zumo de la vid en el depósito. Va acompañado de numerosos microorganismos y de diversos sólidos: pepitas, partes de la pulpa, trozos de pecíolos, de hollejos, de raspón, de tierra... Si se fermenta en presencia de estos acompañantes perderá finura a la nariz, adquirirá tonos rústicos y herbáceos, será más sensible a la oxidación cromática y, en la boca, se apreciará una cierta aspereza provocada por la disolución de materias tánicas.

Desfangar es, simplemente, separar el mosto de esos sólidos perjudiciales. Esta decantación puede realizarse por gravedad, utilizando la refrigeración o el anhídrido sulfuroso —SO_2— para evitar que se inicie la fermentación; o por medios mecánicos, filtrando más o menos enérgicamente. También, pueden separarse los sólidos por centrifugación, aunque este es el método menos recomendable. Lógicamente, el primer sistema es el más utilizado. En algunos lagares se complementa haciendo pasar el mosto por tamices de acero inoxidable, antes de caer a los depósitos. De todas formas hay que considerar que los zumos procedentes de escurridores y prensas neumáticas arrastran menos sólidos que los provenientes de otro tipo de maquinaria.

Finalizada la decantación —suele durar entre seis y veinticuatro horas— el mosto pasa al envase donde comenzará la fermentación. Para que esta se desarrolle en las mejores condiciones posibles, conviene equilibrarlo previamente.

Debe considerarse también la enorme amplitud climática en la que se cultiva la vid. Trae ello aparejado que, en ciertas regiones, la uva no alcance algunos parámetros, determinados porcentajes en sus componentes principales, que son necesarios para una correcta transformación del mosto y posterior conservación del vino. Corregir estas carencias, o excesos, es tarea del enólogo que, según latitudes, puede encontrarse, fundamentalmente, con estos tres casos: falta de acidez, bajo contenido en azúcares y exceso de acidez.

LA ACIDIFICACIÓN

En los climas cálidos, con uvas muy maduras, suele ser necesario aumentar la acidez total que escasea por exceso de sazón del fruto. Para ello, se utiliza el tártrico —ácido orgánico natural de la uva y de otras muchas frutas— en

Mosto en fermentación

dosis que rondan los 150 gramos por hectolitro, para aumentar un gramo por litro la acidez total.

Corregida la acidez del mosto hasta alcanzar los 5 ó 5'5 gramos por litro, expresada en dicho ácido, ligeramente sulfitado para realizar una primera selección de microorganismos, en pocas horas y de manera espontánea comenzará la fermentación.

LA CHAPTALIZACIÓN

Alguna vez habrá oído hablar el lector de esta práctica, cuyo nombre deriva de su inventor, Chaptal, farmacéutico francés que la describió en su obra *Arte de hacer los vinos*, publicada a primeros del siglo XIX, concretamente en 1801.

Sabido es que, en los climas fríos y poco soleados, la uva alcanza una escasa riqueza en azúcares, y que, consecuentemente, los caldos procedentes de sus mostos adolecen de la riqueza alcohólica necesaria para asegurarles, al menos, cierta longevidad. Es frecuente, en determinadas regiones septentrionales europeas, que el etanol natural no supere los 6 ó 7°, porcentaje con el que el producto resultante de la fermentación del zumo de la vid, aplicando la legislación vigente, ni siquiera puede llamarse vino. Para resolver el problema, conociendo Chaptal que por cada 17 gramos de azúcar las levaduras producen un grado de alcohol, recomendó la adición controlada de sacarosa al mosto, para que los vinos obtuvieran el alcohol necesario.

No era nueva la práctica. Ya habían utilizado la edulcoración los pueblos mediterráneos, con el mismo fin, sobre todo para fortalecer los vinos que tenían que viajar. Así evitaban su acetificación y garantizaban su estabilidad biológica, al proporcionarle los medios precisos para defenderse de las perjudiciales bacterias; aunque, por falta de conocimientos, estos podían quedar cortos de alcohol, abocados o francamente dulces.

La realidad es que la sacarosa, el azúcar de caña o de remolacha, es un producto ajeno al vino, y que el vino se sigue definiendo como el producto resultante de la fermentación, total o parcial, del zumo de uva, sin ningún tipo de añadidos.

¿Hasta qué punto puede afirmarse que cumple la definición el vino que tiene cuatro o cinco grados de alcohol de origen exógeno? Este es el gran debate enológico entre los países productores del norte y del sur. Los mismos resultados podrían alcanzarse añadiendo mosto de uva concentrado y rectificado, con lo que el vino, el producto final, procedería exclusivamente del fruto de la viña; lo que vendría a suponer la supervivencia de la vid en muchas tierras sureñas, áridas y marginales.

Grandes intereses económicos hay por medio, sobre todo los de los remolacheros centroeuropeos. En este sentido, no deja de ser curioso que eximios enólogos recomienden el azúcar de caña para enriquecer los vinos.

LA DESACIDIFICACIÓN

Se limita esta práctica a países septentrionales, fríos, con escasa insolación, en años de escasa maduración de la uva. Para equilibrar la acidez total se utiliza el tartrato neutro de potasa, el bicarbonato potásico y el carbonato cálcico precipitado. Reaccionan con parte del ácido tártrico insolubilizándolo.

DOS MILENARIAS PRÁCTICAS ENOLÓGICAS: EL SOLEO Y EL ENYESADO

La tradicional práctica jerezana del *soleo* de la uva, ya casi en desuso, buscaba el aumento del contenido en azúcares por deshidratación. El fruto, transportado hasta el almijar en cajas, se extiende en redores de esparto de unos 85 centímetros de diámetro, o sobre largas tiras de plástico, dejándolo de doce a veinticuatro horas expuesto al sol. De noche se cubre con una segunda esterilla, o con otros plásticos, para preservarlo del relente y evitar la rehidratación de las bayas.

Cuando se usaban las canastas de mimbre para transportar la uva, en cada redor se depositaban 11'5 kilos, una arroba, capacidad en peso de estos antiguos envases que aún se utilizan en algunas vendimias. Virtudes no les faltan. La baya soleada, que debe entrar en el lagar sin rastros de los rocíos nocturnos en su piel, para conseguir los fines propuestos, viene a perder un 10 por ciento de su peso; aumentando su concentración en azúcares y ácido tártrico,

Conos para almacenamiento de vinos

y disminuyendo el contenido en ácido málico, por efecto de determinadas radiaciones solares.

Este *redondeo* de la maduración del fruto incide positivamente en la calidad posterior del vino al que, comparativamente con otro que proceda de uva no soleada, habrá que añadir menos alcohol. El soleo facilita, también, la salida del mosto de las bayas, por desorganización de las membranas celulares que lo contienen.

Otra práctica tradicional en algunos vinos, sobre todo en los generosos andaluces, es el enyesado; aunque como el soleo de la uva y por diferentes motivos, su uso es cada vez menor. Esta sabia y antiquísima costumbre, siempre que el yeso se emplee con moderación, debe considerarse benéfica para los mostos producidos en regiones cálidas, normalmente cortos de acidez total. Su origen parece que va unido a la utilización del sulfato cálcico, como sustentador de la vendimia molturada en las prensas primitivas y, posteriormente, como clarificante de los vinos, una vez concluida la fermentación.

Para satisfacer la curiosidad de los lectores interesados en esta práctica enológica mediterránea, vamos a dedicarles unas líneas al tan controvertido enyesado.

Desde un punto de vista meramente químico, el yeso reacciona con el bitartrato potásico del mosto, antes y durante la fermentación, produciéndose tartratos de calcio, sulfato potásico neutro y, lo más importante para el vino, ácido tártrico. Algunas reacciones más concurren, pero no son objeto de este libro. Al sustituirse una sal ácida —totalmente natural debemos añadir, para tranquilidad del lector— por el ácido orgánico más enérgico presente en la uva y, posteriormente, en el vino, la acidez total no varía o se incrementa ligeramente —la alcalinidad de las cenizas es menor en vinos enyesados—; pero sí aumenta la energía ácida, es decir, disminuye el pH, activando así las sustancias ácidas del mosto, objetivo propuesto. Enumeramos las ventajas de su uso:

1. Aumenta la capacidad natural de autodefensa del vino, ante microorganismos patógenos ajenos a él; facilitando, en el caso de los vinos de crianza biológica, el desarrollo de la levadura de flor.

2. En uso combinado con el anhídrido sulfuroso, propicia la fermentación completa de los mostos meridionales, ricos en azúcares y cortos de acidez, obteniéndose vinos más alcohólicos, brillantes y aromáticos.

3. Facilita también el aclarado. Los vinos nuevos procedentes de vendimias enyesadas limpian antes y mejor, acelerándose la precipitación de los compuestos en suspensión.

4. En los vinos tintos, provoca la formación de una espuma muy roja y aumenta el brillo y la intensidad cromática, fenómenos fácilmente apreciables.

5. En general, todos los vinos enyesados son más estables que los no sometidos a este proceso.

Como contrapartida, digamos que el sulfato potásico irrita la mucosa intestinal, si se encuentra en el vino en proporciones muy elevadas, cantidades alejadas totalmente de los contenidos normales en los caldos mediterráneos que han venido siendo, desde épocas remotas, sometidos a esta práctica enológica.

EL ANHÍDRIDO SULFUROSO

El uso del gas resultante de la combustión del azufre, en vinificación y como coadyuvante de la conservación de determinados alimentos, es otra antiquísima práctica mediterránea. Homero lo cita en *La Ilíada*, y en Roma se quemaba este metaloide en los sótanos para evitar la descomposición de los vinos y de otros alimentos.

El anhídrido sulfuroso se comercializa de tres formas: como gas comprimido, en polvo con una riqueza del 50 por ciento —metabisulfito potásico—, y en pajuelas, mechas o pastillas para quemar.

En el vino es activo cuando se encuentra en forma de gas disuelto, como ácido sulfuroso o en estado de metabisulfito. Se combina con los azúcares, pasando a libre a medida que desciende el nivel de SO_2 activo. La suma de activo y combinado es lo que se denomina sulfuroso total. Con los aldehídos del vino forma combinaciones estables, que posteriormente pueden ser causa de olores desagradables. Al reducirse pasa a anhídrido sulfhídrico —SH_2—, con su característico olor a huevos podridos, olor que desaparece moviendo la copa, aireando intensamente el vino.

El anhídrido sulfuroso es un antiséptico selectivo e inofensivo para el hombre. Actúa con energía contra las bacterias y selecciona las levaduras más idóneas para la correcta fermentación. En dosis moderadas, añadido al mosto, retarda el comienzo de este proceso permitiendo así la práctica del desfangado. Iniciada esta, puede utilizarse para moderar su actividad, evitando que la temperatura del líquido alcance cifras peligrosas.

Tiene el sulfuroso un importante efecto reductor, que previene la oxidación de la materia colorante del vino, impidiendo que la tonalidad primigenia de los blancos evolucione hacia matices dorados, e incluso caobas, y la de los tintos vire hacia colores que recuerdan el cuero.

Es especialmente imprescindible por su efecto antioxidásico —las oxidasas son catalizadores enzimáticos de la oxidación—, en aquellas vendimias en las que, por causas diversas, entra en el lagar uva podrida, atacada por hongos o, en general, en mal estado sanitario. En estas circunstancias, deben elevarse las dosis utilizadas para desfangar, hasta los 15 gramos por hectolitro, y emplearlo con generosidad en las operaciones posteriores.

Actúa sinérgicamente con el alcohol y la acidez fija, para mantener el vino estable y sano, coadyuva en la extracción del color en los tintos, desinfecta los envases, y a sus muchas más ventajas sólo cabe poner el defecto de su olor irritante, lo que, por otra parte, lo hace ser fácilmente detectado al catar. A igualdad de porcentajes, este olor será más acusado en los vinos blancos secos y ácidos en los que, prácticamente, está libre, muy poco combinado, por ausencia de azúcares.

LOS DEPÓSITOS DE FERMENTACIÓN

Ya hemos hablado del estrecho nexo que une la vinificación y la alfarería. Sin contar con aquellos rudimentarios envases de barro, difícil habría sido elaborar el vino. Su capacidad fue aumentando con las mejoras tecnológicas y, con el paso de los siglos, también se construyeron depósitos subterráneos. Los barriles y conos de madera parece que tienen su origen en las Galias. Desde mucho antes que Diógenes habitara en uno ellos, las duelas de roble, castaño, cerezo, e incluso de pino, se utilizaban para fabricar toneles donde guardar y transportar el vino. Tan lejano es su origen, que hay que remontarse a Noé para localizarlo: el arca salvadora no deja de ser un envase de madera cerrado.

A partir de los años setenta, un nuevo material comenzó a imponerse. Los grandes tanques de acero inoxidable

Antigua bodega de fermentación en tinajas

comenzaron a cobrar protagonismo. La fácil posibilidad de regular en ellos, mediante refrigeración interior o exterior, la temperatura de fermentación del mosto, unida a la sencillez de su limpieza y a su perfecto hermetismo, los hacen insustituibles.

Hasta que el uso de este nuevo material se generalizó, en la mayor parte de las zonas vitivinícolas se utilizaban, como envases para fermentar, tinajas de barro o de cemento cuyos volúmenes oscilaban entre las 60 y 120 arrobas, es decir, entre 960 y 1.920 litros, y que tenían la virtud de irradiar fácilmente el calor resultante de la transformación del zumo en vino. El aumento de la superficie plantada de viñas, junto a los altos rendimientos de moledoras y prensas, hicieron que la capacidad de estos primitivos recipientes tuviese que aumentar, construyéndose entonces enormes conos de hormigón armado, con cabida entre 4.800 y 12.800 litros.

Lagar de Benavides. Siglo XVIII. López Hermanos

Estos depósitos, excelentes para el almacenamiento, originaban problemas en las vendimias de algunas zonas cálidas; en las que predominan uvas de alto contenido en azúcares y, además, temperaturas exteriores elevadas. La suma de estas circunstancias obligaba a los enólogos sureños a realizar auténticos malabarismos para que el vino quedara totalmente seco, amenazados siempre por los grados centígrados que aparecían en los termómetros, tras medir la temperatura del burbujeante mosto.

Dio lugar esta problemática meridional a una técnica específica, que comienza con un pie de cuba, para seleccionar las mejores levaduras; y continúa con una súper cuatro en fermentación continua y larga, añadiendo diariamente pequeñas cantidades de zumo recién obtenido al envase, como procedimiento para reducir la temperatura del líquido. Piense el lector que hablamos, algunos días, de más de 40° a la sombra, grados que también calientan los racimos.

Ha resuelto el acero inoxidable todos los problemas que las cálidas condiciones climáticas originaban en campañas muy secas y tórridas. Hoy la temperatura de fermentación se controla bien mediante intercambiadores térmicos, enfriando las paredes de los depósitos con agua que cae lentamente desde la parte superior de los mismos mediante anillos concéntricos por los que circula agua a baja temperatura, o por la introducción de serpentines, placas u otros dispositivos en el interior del depósito, artilugios por los que transita, de igual forma, un líquido refrigerado. Se consigue así fermentar con un grado térmico óptimo.

Como actualmente la informática interviene en todo, las instalaciones de fermentación más avanzadas están de tal forma computarizadas que un dispositivo central se ocupa de regular la temperatura de cada depósito, previamente fijada en una pantalla.

De esto a fermentar en grandes conos, hay un abismo. Así, mientras nada falle, el enólogo puede dormir tranquilo sin pensar en refrescamientos, ni soñar con un termómetro que señala treinta y muchos grados.

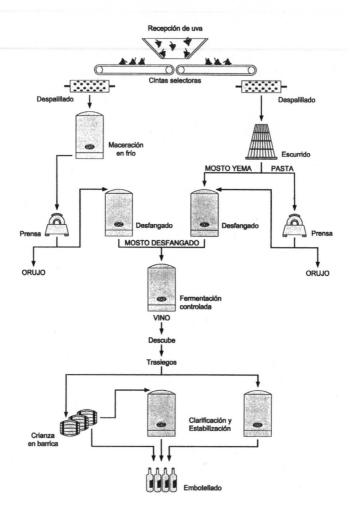

Por otra parte, fermentar grandes volúmenes de mosto trae aparejada la obtención de vinos más homogéneos. Además, el control calórico consigue un grado alcohólico natural más elevado y una acidez volátil más baja. En resumen, se obtienen vinos que quedan secos, sin restos de azúcares, que limpian bien, equilibrados, armónicos, pálidos, aromáticos y que no suelen causar problemas posteriores.

La temperatura de fermentación en acero, suele oscilar entre los 20 y 28° centígrados.

Los envases de madera, barricas, botas y bocoyes, de pequeño volumen, permiten una fermentación menos problemática. La fermentación en recipientes de madera se sigue realizando para extraer de las duelas sustancias cuyo olor y sabor puede, y de hecho lo es, ser muy apreciado en zonas productoras de determinados blancos y tintos. En Andalucía, la fermentación en madera se usa para envinar las botas que luego contendrán vinos generosos.

Ya tenemos vino nuevo, mosto fragante, oliendo a fruta y a levadura, a pan cocido, con una puntilla de carbónico que le da aún mayor alegría en la boca. Las calles de muchos pueblos, en los meses de octubre y noviembre, huelen a vino recién nacido y, si lo hay en los lagares, también lo hay en las tabernas, donde muchos aficionados a estos caldos, todavía burbujeantes, los esperan con impaciencia.

TIPOS DE FERMENTACIÓN: BLANCO, ROSADO, CLARETE Y TINTO

Ya está casi expuesto el proceso fermentativo. Sólo resta enumerar las diferencias que singularizan la elaboración de blancos, rosados y tintos; dejando para el final procesos más singulares, como la maceración carbónica o la hiperoxidación. A los burbujeantes vinos espumosos se les dedica merecida extensión, para que el lector conozca su proceso de elaboración y crianza.

Sintetizando, el proceso de fermentación en virgen para la elaboración de **vinos blancos** es el siguiente:

1. Recepción de la uva.
2. Despalillado. Opcional maceración de los hollejos, para extraer componentes aromáticos.
3. Prensado.
4. Desfangado y corrección del mosto.

5. Fermentación.
6. Descube.
7. Trasiegos.
8. Clasificación.
9. Crianza, en su caso.
10. Estabilización.
11. Embotellado.

Los rosados se elaboran, casi siempre, en blanco, extrayéndose la fracción de color deseada mediante la maceración del zumo con el hollejo de la uva tinta; añadiéndoseles, normalmente, el mosto de prensa. Una vez obtenida la tonalidad suficiente, el mosto se desfanga y equilibra, comenzando la fermentación. El resto del proceso es similar al arriba descrito. Poco o nada ortodoxo es mezclar blanco y tinto para obtener rosado, práctica que no es inusual, sobre todo en vinos de bajo precio.

Al autor, que pasó parte de sus años mozos estudiando en Valladolid —por cierto, con fortuna— y que gustó de recorrer las bodegas cigaleñas, la palabra **clarete** le atrae. Aquellos alegres vinos fermentados en bodegas subterráneas excavadas en tierra caliza, con cierto olor a pez, a finales de invierno, aún con restos de carbónico, eran deliciosos. Especialmente recuerdo los de Cigales y los de la familia Salas, de Corcos del Valle. Pero, vayamos al grano.

En los claretes (del francés antiguo *claret,* casi sinónimo de vino bordolés), parte del hollejo fermenta con el mosto hasta alcanzar el color deseado por el enólogo. Las posibilidades son enormes: desde realizar todo el proceso fermentativo con una pequeña cantidad de hollejos, hasta separar el mosto en plena fermentación de la uva molturada (sangrado), cuando este ha alcanzado el matiz preciso. En este caso, el clarete sigue fermentando en blanco en otro envase, y el que queda en el primer depósito, con los hollejos, finaliza el proceso en tinto. Estos vinos se llaman de una noche, de noche y día, etc., para indicar el tiempo que permanecen juntos el mosto y la uva.

Lógicamente, los claretes suelen tener más estructura que los rosados, son más ricos en taninos y antocianos y, consecuentemente, soportan mejor el paso del tiempo. Aun así, lo recomendable es consumirlos en el año. De todas formas, en la actualidad, estos vinos se denominan también rosados, como ordena la compleja legislación vitivinícola de la Unión Europea.

ESQUEMA DE ELABORACIÓN DE VINO ROSADO POR SANGRADO

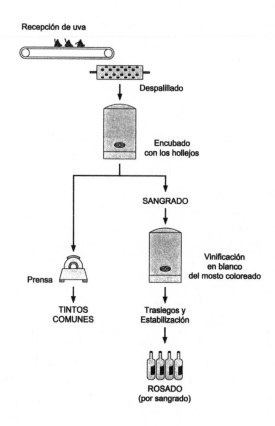

Vayamos ahora con **los tintos.** Ya hemos comentado que la materia colorante y los componentes aromáticos se encuentran, en la mayoría de los casos, en la piel de la uva. Para extraer el color es necesario fermentar el mosto en presencia de los hollejos, a los que acompañan las pepitas y otros sólidos extraños al fruto. El proceso, como puede observarse en el gráfico, es el siguiente:

1. Estrujado y despalillado del racimo, para eliminar los raspones que proporcionarían al futuro vino desagradables sabores astringentes y herbáceos.
2. Encubado del mosto con los hollejos.
3. Fermentación.
4. Descube y separación de los vinos de primera calidad de los procedentes del prensado de los orujos.
5. Trasiegos.
6. Crianza optativa.
7. Estabilización.
8. Embotellado.

Al comenzar la fermentación el carbónico producido impulsa a hollejos y pepitas hacia arriba, formando lo que se denomina el sombrero. Hasta que se popularizó el sistema de remontado automático, sobre todo en cubas de acero inoxidable, era necesario hundir el sombrero varias veces al día, para extraer color, impedir infecciones bacterianas en su superficie y evitar el riesgo de explosión del envase, por acumulación de CO_2, fenómeno que no era infrecuente en tinajas de barro. El autor puede dar fe.

Para empujar el sombrero hacia abajo, se utilizaba una cruceta de madera unida a un largo astil. En términos enológicos la operación se denomina bazuqueo, que deriva del verbo bazucar: «traquetear, mover o agitar líquidos y otras cosas». El bazuqueo se complementaba con remontados de vino en plena fermentación, que se tomaba de la parte inferior del envase y con el que se regaba el sombrero. La pequeña aireación facilitaba el desarrollo de las levaduras.

ESQUEMA DE ELABORACIÓN DE VINO TINTO

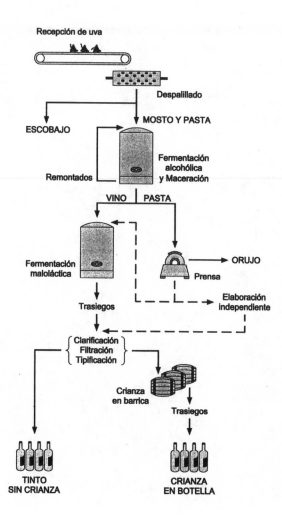

Depósitos de acero en Viñas del Vero

Depósito de acero para fermetación en tinto

Actualmente, el proceso se realiza de forma automatizada en depósitos de acero con control de temperatura.

El color de los tintos está compuesto por pigmentos amarillos (taninos) y rojos (antocianos). La variedad tiene un especial protagonismo: la Tempranillo dará siempre mayor color que la Garnacha, por su mayor capacidad de absorción de potasio. Dicho de otra forma, el pH tiene una decidida, e inversamente proporcional, influencia en la tonalidad. A mayor acidez menor coloración.

Lógicamente, la duración de la maceración es proporcional a la intensidad cromática que se desee obtener. La escala comienza en los rosados y finaliza en los tintos de gran capa, en los llamados de doble cuerpo. Como ya hemos dicho, la mayoría de los rosados ni siquiera llegan a fermentar en presencia de los hollejos, adquiriendo su tonalidad mediante una simple y corta maceración en frío.

Es interesante resaltar que la temperatura de fermentación de los tintos es siempre superior a la de los blancos, entre otros motivos porque las bajas temperaturas propician la extracción de materia tánica de baja calidad, excesivamente astringente. Esto no quiere decir que no exista riesgo de paralización del proceso, si el termómetro sube excesivamente. Sobrepasados los 34° nada bueno puede ocurrir.

Por otro lado, para conseguir extraer de la piel de la uva agradables fracciones aromáticas y cromáticas, la fermentación debe ser suave, lenta, sin brusquedades térmicas. La estabilidad posterior del vino, sus condiciones para la crianza, sus posibilidades de longevidad, intrínsecamente su calidad, dependerán en gran parte de una correcta transformación del zumo de la uva en vino.

OTROS TIPOS DE FERMENTACIÓN

El lector habrá oído hablar, en más de una ocasión, de la maceración carbónica, de la fermentación maloláctica y de la hiperoxidación. Vamos a dedicarles unas líneas para aclarar ideas.

LA MACERACIÓN CARBÓNICA

Contábamos al principio, refiriéndonos al descubrimiento del vino, cómo aquella desesperada princesa sacó un vaso del líquido que burbujeaba en el interior de una tinaja llena de racimos de uva... En dos palabras, consumió un vino elaborado mediante maceración carbónica. No vamos a insistir, tras esta pequeña introducción, en la antigüedad del proceso, que se ha venido utilizando desde hace siglos en la Rioja alavesa o en determinadas poblaciones de Castilla-La Mancha.

La maceración carbónica es la transformación de la uva en vino, sin estrujado previo. Los racimos se introducen en depósitos herméticos, con el mayor cuidado para no romper las bayas, y el espacio vacío se rellena con gas carbónico exógeno o procedente de un pequeño volumen de mosto en fermentación que, previamente, se ha vertido en el envase, al que se sumará luego el que saldrá de las uvas situadas en el fondo, rotas por la presión que soportan.

El anhídrido sulfuroso se utiliza en pequeñas dosis en esta modalidad fermentativa.

En la maceración carbónica se produce un desdoblamiento intracelular de los azúcares y, al mismo tiempo, una fermentación anaerobia normal. La duración de la maceración, que oscila entre siete y diez días, está en función de la temperatura, alargándose cuando esta es fría. Descubada la vendimia, se estruja y prensa mezclando los caldos procedentes de ambas operaciones mecánicas.

El vino obtenido tiene connotaciones organolépticas singulares: color rojo intenso con matices violetas, peculiar aroma secundario y notable suavidad en la boca —si el proceso ha sido correcto—, suavidad originada por la importante disminución de la acidez tártrica y málica que conlleva esta fermentación. Conviene recordar que no se

ESQUEMA DE VINIFICACIÓN POR MACERACIÓN CARBÓNICA

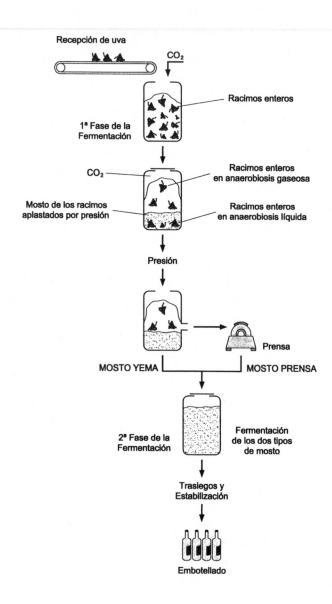

Recepción de uva

CO₂

1ª Fase de la Fermentación

Racimos enteros

CO₂

Racimos enteros en anaerobiosis gaseosa

Mosto de los racimos aplastados por presión

Racimos enteros en anaerobiosis líquida

Presión

Prensa

MOSTO YEMA

MOSTO PRENSA

2ª Fase de la Fermentación

Fermentación de los dos tipos de mosto

Trasiegos y Estabilización

Embotellado

despalilla y que la maceración con el raspón puede aportar una astringencia excesiva.

El consumo de los tintos obtenidos por maceración carbónica no debe dilatarse. Envejecen mal, virando su color, con el paso del tiempo, hacia tonos cuero y perdiendo su agradable peculiaridad olfativa.

LA FERMENTACIÓN MALOLÁCTICA

No sólo hay levaduras adheridas a la pruina del hollejo y en los rincones de las bodegas. Conviven con ellas un gran número de bacterias, entre las que cabe destacar, por sus benéficos efectos, las malolácticas; que comienzan su tarea cuando la fermentación normal ha finalizado, bien tras el descube o, en primavera, al elevarse la temperatura del vino.

Estas bacterias transforman el ácido málico en láctico, produciendo también una pequeña cantidad de gas carbónico, que nos puede hacer pensar que las levaduras han vuelto a aparecer, para desdoblar restos de azúcares no transformados en alcohol. Si este proceso se produce en primavera, además del burbujeo se apreciará una cierta turbidez en el vino.

La fermentación maloláctica es más frecuente en tintos que en blancos, y en vinos de climas fríos que de climas cálidos. Bien llevada, redondeará cualitativamente el vino, al sustituir el málico, de sabor acerbo y duro, por el láctico, más suave en la boca. Disminuye, al mismo tiempo, la acidez fija. Abundando en lo dicho, el málico es diácido y el láctico monoácido, por tanto, menos ácido. El otro ácido que se produce, el carbónico, se pierde en la atmósfera. En climas septentrionales, es notoria la importancia de este fenómeno, para aquellos caldos que nacen con una elevada acidez fija, siete o más gramos de tártrico por litro, acidez que los hace difícilmente bebibles.

Lógicamente, al disminuir la acidez se incrementa el color y los tintos adquieren matices menos vivos. Incluso el aroma se modifica, atenuándose los primarios, sobre todo los que recuerdan a la manzana. Gustativamente, tras la maloláctica los tintos ganan en carnosidad y pastosidad, se hacen más tiernos.

Los indudables beneficios que proporciona la maloláctica a los tintos no son siempre deseados para los blancos, a los que la pérdida de acidez fija les restará frescura en boca. De todas formas, no debe olvidarse la necesaria estabilidad biológica del vino, es decir, la evitación de vueltas en el depósito o en la botella, con la consiguiente sorpresa para el consumidor en el último de los casos. Para evitar estos sobresaltos nada mejor que conducir enológicamente la maloláctica, una vez finalizada la fermentación normal del vino.

Añadamos que, en los procesos de crianza con levadura de flor, se produce, también, una sensible disminución del málico y un notable incremento del láctico, lo que, sin duda, mejora la calidad de los finos y manzanillas.

LA HIPEROXIDACIÓN

Ya se ha hablado de los problemas que causa al embotellador la oxidación de la materia colorante de los vinos blancos, que hace que su matiz primitivo vire hacia tonos dorados, caoba... perdiendo calidad a los ojos del consumidor.

La hiperoxidación pretende resolver el problema mediante la inyección al mosto de cantidades variables de oxígeno, antes de que este inicie la fermentación, para que la materia colorante se oxide y precipite.

Los resultados obtenidos hasta la fecha con este procedimiento, salvo en raras excepciones, no son muy esperanzadores.

CAPÍTULO IV

LOS ESPUMOSOS Y LOS PEDRO XIMÉNEZ, DOS SINGULARIDADES ENOLÓGICAS

Es probable que el lector se pregunte qué semejanza guardan entre sí estos dos vinos. La realidad es que ninguna. Uno nació en el norte, en la región de Champagne, en donde la vid casi roza los límites climáticos que imposibilitan su cultivo. El otro es netamente mediterráneo, es un vino que nace del sol, de las altas temperaturas y de una delicada variedad. Sólo los une su exclusividad, su singularidad y, además, su artesanal elaboración en la que tanto interviene la mano del hombre. Por esas notas comunes los unimos en este capítulo. Comencemos por la historia del primero.

LOS VINOS ESPUMOSOS

Quizá el famoso abate Dom Pierre Perignon (1638-1715), cillero de la abadía de *Hautvillers*, sólo perseguía suavizar, equilibrar mediante la adición de azúcares, los ácidos vinos de la comarca de Champagne. Pero, de buenas a primeras, se encontró con una segunda fermentación que prestaba al vino un alegre burbujeo a la vista, y un picante y agradable cosquilleo en la boca. Nunca lo sabremos. Lo cierto es que el monje francés investigó luego con ahínco, hasta conseguir un envase de vidrio capaz de soportar la presión del gas, producido en la segunda fermentación y, con el tapón de corcho, procedente de España, un buen cierre que impidiera su salida al exterior, que mantuviera la alegre presencia del carbónico.

El vino espumoso se hizo rápidamente famoso. La célebre Marquesa de Pompadour afirmaba que no existía otro mejor, y que era el único vino que embellecía a la mujer. La nobleza francesa difundió sus excelencias por todo el mundo, con notable éxito. Pasó a ser vino de emperadores y reyes, unido siempre a la celebración de los muy grandes acontecimientos.

Nació como vino abocado, dulce, y espumoso. De ahí la costumbre tradicional de tomarlo a los postres. A lo largo de los años su tecnología fue evolucionando, hasta conseguir los tipos y calidades actuales. Ya nadie piensa en un cava dulzón, sino todo lo contrario; el gusto del consumidor camina hacia los brut nature, secos y aromáticos, procedentes de las mejores *cuvées*.

Otro importante logro fue el conseguido por la viuda de Clicquot, inventora del *remuage*. Comenzó colocando las botellas, invertidas, en un tablero agujereado, con la intención de que las lías se depositaran sobre el tapón, haciéndolas girar bruscamente para que las adheridas al cristal se desprendieran. Los tableros se inclinaron luego, formando un ángulo agudo, para ahorrar espacio; y los agujeros se hicieron ovalados, para que la botella pudiera llegar a estar totalmente invertida. Son los actuales pupitres.

En España fue José Raventós, en el año 1872, quien comenzó a experimentar la elaboración de vinos espumosos. La primera cosecha envejeció en un sótano construido *ex profeso* en el jardín de su casa de Barcelona. Vistos los resultados, amplió las instalaciones en Sant Sadurní d'Anoia. Su ejemplo fue seguido por otros bodegueros de la región. Las primeras botellas Raventós se vendieron en 1879, casi todas en Barcelona. La correcta aplicación del sistema *champenoise* en vinos idóneos, dio los resultados que todos conocemos: hoy, después del champagne, el cava es el espumoso elaborado por el método tradicional más vendido en el mundo.

Detengámonos en su elaboración. El champaña y el cava son vinos espumosos naturales cuyo proceso de elaboración y crianza, desde la toma de espuma hasta la eliminación de las lías, transcurre en la misma botella en que se efectuó el llenado.

Tras la definición del método *champenoise* o tradicional, añadamos que para los espumosos de calidad se utilizan variedades de viníferas seleccionadas. En la demarcación de Champaña, la blanca Chardonnay y las tintas Pinot noir y Pinot meunier. De ahí viene lo de *blanc de blanc* y *blanc de noir*, es decir, blanco de uva blanca y blanco de uva tinta. En este último el zumo se obtiene aplicando bajas presiones, para no extraer color de los hollejos.

Las variedades autorizadas para elaborar el cava son:

— **Blancas**: Macabeo o Viura, Xarel-lo, Parellada, Subirat o Malvasía Riojana y Chardonnay.
— **Tintas**: Garnacha y Monastrell.

Para la elaboración de cavas **rosados** también están autorizadas las variedades Pinot Noir y Trepat.

De las variedades citadas se consideran principales la Macabeo, la Xarel-lo y la Parellada.

La denominación Cava sólo pueden utilizarla las bodegas ubicadas en 159 municipios, la mayor parte de ellos situados en la margen izquierda del Ebro. Por comunidades se reparten así: Cataluña (132), La Rioja (18), Aragón (2), Navarra (2), País Vasco (3), Valencia (1) y Extremadura (1). En el municipio de Sant Sadurní D'Anoia se elabora más del 75% del Cava.

La superficie acaparada por la denominación de origen, con fecha 31 de diciembre de 2005, es de 31.861 hectáreas.

Botellas de cava en crianza.

Pupitres.

El resto de los vinos espumosos elaborados en España, por el método clásico de fermentación en botella, no pueden hacer uso de la denominación Cava, y únicamente podrán indicar en la etiqueta *método tradicional,* además de la denominación *vino espumoso de calidad.*

EL VINO BASE

El vino base se prepara con el mayor de los cuidados. Para lograr una armonía perfecta se suelen mezclar varios vinos. Su graduación alcohólica ronda el 11 por ciento y la acidez fija es de unos 6 gramos por litro, expresada en tartárico. Tras los necesarios trasiegos y clarificaciones se somete a ultra refrigeración, para evitar precipitados tártricos. A continuación, se le añade una solución (*liqueur de tirage*) que contiene mosto de uva concentrado o azúcar, preferentemente de caña —26 gramos de sacarosa por litro proporcionan seis atmósferas de presión—, una pequeña cantidad de ácido cítrico, que coadyuva en el desdoblamiento de la sacarosa en fermentables monosacáridos, y levaduras seleccionadas.

Estas levaduras deben ser capaces de realizar la fermentación, en un medio físico cada vez más hostil, por el constante aumento de la presión de carbónico, unida al ligero incremento de alcohol que supone, aproximadamente, algo más de un grado. Además, las levaduras seleccionadas para la elaboración de espumosos, sobre todo por el método tradicional, deben tener la propiedad de aglutinarse, de formar sedimentos compactos y no dispersos, a fin de que el vino quede limpio.

En Champaña se denomina *cuvée* al vino base antes descrito. Con objeto de mejorar sus características, se suelen mezclar los caldos de la última vendimia con otros de cosechas anteriores. Supone todo un arte conseguir un conjunto equilibrado, que proporcione luego un espumoso de calidad. Cuando la cosecha es excelente y la *cuvée* sólo contiene vino de esa vendimia, se rotula en la etiqueta el año junto con la palabra *millésime*.

A la *cuvée* se le añade el licor de *tirage*. A continuación, se embotella el vino, colocándose las botellas horizontalmente, separadas una hilera de otra por unos finos listones de madera. Las hileras se denominan rimas. Este proceso se ha modernizado con la introducción de contenedores especialmente diseñados para agilizar los trabajos posteriores, lográndose iguales resultados con una importante reducción de los costos de manipulación. En las bodegas subterráneas, cavas, la temperatura es prácticamente constante, situándose en torno a los 12°.

Pronto comenzará una segunda y lenta fermentación que durará, a dicha temperatura ambiente, alrededor de dos meses. Finalizado el proceso, las levaduras precipitan formando un largo depósito en el costado de la botella. Se inicia entonces la crianza, que debe durar un mínimo de nueve meses para el cava y quince para el champaña. En la denominación de origen francesa se exige un mínimo de tres años, contados a partir del comienzo de la vendimia, para comercializar los *millésime*.

Tras el envejecimiento, las botellas se trasladan a pupitres, colocándolas en posición casi horizontal. Poco a poco van ganando verticalidad mediante el proceso que se denomina *remuage* (removido), que consiste en girar la botella un octavo de vuelta, es decir, 45°. Cuando las levaduras están pegadas al cristal de la botella se remueven antes de colocarlas en los pupitres, operación que los franceses denominan *coup de poignet*. La finalidad del proceso es conseguir que las lías de fermentación se acumulen sobre el tapón. Este artesanal procedimiento sólo se practica hoy en pequeñas bodegas, habiéndose mecanizado en las de gran tamaño.

Llegada la hora de comercializar, puestas boca abajo, se sumerge el cuello de las botellas en salmuera a muy baja temperatura, con la finalidad de que se forme un cilindro de hielo junto al tapón que envuelva los sedimentos. A continuación se realiza el degüelle, se descorcha la botella,

Adición del licor de expedición

siendo expulsadas al exterior, por presión del gas carbónico, las congeladas lías de fermentación junto con una pequeña cantidad de vino.

Ya sólo queda añadir el licor de expedición, si así lo estima el enólogo, que suele ser una mezcla de vino y azúcar. El volumen añadido sirve para determinar los tipos extra brut, seco, semiseco, etc. A continuación, se tapona y viste la botella. La calidad de los vinos espumosos suele ser inversamente proporcional a su dulzor.

Para conocimiento del lector, indicamos el número de gramos de azúcar por litro admitidos para cada tipo de vino en la denominación de origen Cava:

BRUT NATURE	No contiene azúcar añadido. Suele tener alrededor de 3 gramos.
EXTRA BRUT	Contiene hasta 6 gramos.
BRUT	Contiene hasta 15 gramos.
EXTRA SECO	Entre 12 y 20 gramos.
SECO	Entre 17 y 35 gramos.
SEMISECO	Entre 33 y 50 gramos.
DULCE	Más de 50 gramos.

En la etiqueta puede figurar la cosecha, siempre que los vinos sean de una sola añada y esta posea características excepcionales. La indicación Gran Reserva indica que el cava ha tenido una crianza mínima de treinta meses. En la zona del tapón que está en contacto con el vino debe figurar una estrella de cuatro puntas, circunvalada por la palabra Cava, y en la parte exterior la precinta de garantía.

Como casi todos los vinos blancos secos, los cavas salen al mercado para ser consumidos de inmediato. No conviene conservarlos más de unos meses, y siempre a baja temperatura. La botella debe mantenerse tal como viene en la caja: de pie o tumbada.

Para terminar, añadamos vocabulario: Cuando el lector lea en la etiqueta el rótulo *blanc de blanc* sepa que en el marco de Champaña quiere decir que el vino está elaborado, al cien por cien, con la uva *Chardonnay*. Allí son frecuentes los espumosos rosados, procedentes de las variedades tintas antes citadas, coloración poco habitual en los cavas.

Cremant viene a significar menor presión. Hoy se utiliza poco, por la confusión que puede existir con los *cremant* de Loira, de Burdeos, de Alsacia, de Limoux, etc., y más aún desde que la mención *Cremant*, según normativa comunitaria, puede ser utilizada por cualquier vino espumoso, elaborado en la Unión Europea, que cumpla determinados requisitos método tradicional, mención unida al nombre de una región determinada, etc.

Marc de Champagne es un aguardiente procedente de la destilación de los orujos fermentados de esta denominación de origen.

ESPUMOSO DE FERMENTACIÓN EN BOTELLA Y GRANVÁS

Se ha definido el método *champenoise*, el sistema tradicional, utilizado para el champaña y el cava. Además, pueden encontrarse en el mercado dos tipos más de espumoso: de fermentación en botella y granvás, este último conocido internacionalmente como método *Charmat*.

En el primero de ellos, la segunda fermentación se realiza en botella champañesa de hasta dos litros de capacidad, trasvasándose, después de un mínimo de tres meses de crianza, a envases metálicos en los que se refrigera y filtra el vino y en los que se añade el licor de expedición antes del embotellado. Todo el proceso se realiza bajo presión de carbónico, o de nitrógeno, para que no se pierda el gas producido naturalmente.

El granvás es el espumoso elaborado en grandes depósitos, capaces de resistir la presión generada en la segunda fermentación que se realiza con control térmico. Ya se ha dicho que a menor temperatura mejor disolución del gas carbónico en el vino. Con estas instalaciones puede también obtenerse un vino espumoso paralizando la fermentación del mosto mediante refrigeración —a menos 5 ó 6° centígrados—, cuando se ha alcanzado la presión deseada, dejando sin desdoblar los restos de azúcares precisos para obtener los tipos seco, semiseco, etc.

En Alemania se denomina *sekt* al vino espumoso elaborado por el procedimiento granvás o *Charmat*, apellido del inventor de esta tecnología. Este término puede utilizarse, actualmente, en toda la Comunidad.

LOS VINOS DE AGUJA

Cuando la presión creada de forma endógena es superior a 1'5 e inferior a 4 atmósferas, el vino se denomina de aguja.

Varios son los procedimientos que pueden utilizarse para conseguir que el vino quede burbujeante. Uno de ellos consiste en detener la fermentación en el punto necesario, lo que, como antes se describe, puede conseguirse, simplemente, refrigerando y filtrando el mosto. Otro sistema es añadir al vino base zumo de uva, concentrado o no, azúcar, e incluso uvas enteras; caso concreto de los ya citados vinos de la Bañeza, que se obtienen añadiendo al depósito granos de la variedad Prieto Picudo. Estos caldos leoneses, mediante una segunda y lenta fermentación a baja temperatura, logran que el carbónico quede perfectamente disuelto; adquiriendo el vino un agradable y fino burbujeo, eso que los franceses llaman *petillant*.

VINOS ESPUMOSOS GASIFICADOS

Entramos en el último escalón cualitativo. Cuando la procedencia del gas carbónico es exógena, el vino se denomina gasificado. Simplemente consiste en añadir, con una saturadora, anhídrido carbónico al vino almacenado en un depósito hermético, hasta llegar a la presión deseada. El resultado puede ser agradable, o no, en función de la perfección tecnológica de las instalaciones y, cómo no, de la calidad y finura del vino que se ha gasificado.

EL DULCE PEDRO XIMÉNEZ

Si alguien me pidiera que hablara del vino del sol, tendría que citar, obligatoriamente, al pedro ximénez.

La perfecta sinergia entre esta uva y la luz y el seco calor veraniego de la campiña cordobesa, proporciona un producto único, exclusivo de la milenaria Andalucía vinatera y, además, de extraordinaria calidad. El pedro ximénez, de color ambarino los jóvenes y azabache los muy viejos, denso, cargado de agradables aromas frutosos que recuerdan el dátil, la lima, el higo seco, la pasa, suave en la boca y no empalagoso, es una verdadera fiesta para los sentidos.

LA ELABORACIÓN

El proceso comienza con la corta escrupulosa de los racimos, cuyo fruto debe estar en perfectas condiciones de madurez y de sanidad vegetal. La uva se transporta —necesariamente en cajas, con sumo cuidado de no romper las bayas— hasta el almijar o pasera, donde se extiende sobre redores —capachos molineros de esparto— o sobre largas tiras de material plástico de, aproximadamente, un metro de ancho.

Los racimos expuestos al sol van deshidratándose lentamente y, para que la pasificación se realice por igual en todas las uvas, cuadrillas de operarios van dándoles vueltas a lo largo del día.

En la denominación de origen Montilla-Moriles, marco que reúne las condiciones climáticas más adecuadas para producir estos vinos, el proceso de pasificación dura tres o cuatro días al comienzo de la campaña, y alrededor de una semana hacia finales de septiembre. Es muy importante contar con un ambiente cálido, soleado y, sobre todo, seco, ya que la pasificación de esta variedad no se consigue en terrenos próximos al mar o, simplemente, a un río cauda-

Paseras. La uva Pedro Ximénez en fase de pasificación

loso o a una laguna; en zonas húmedas, se produce una rehidratación nocturna que reduce el grado de pasificación y que puede desembocar en la putrefacción de las bayas.

Piense el lector en la temperatura y sequedad ambientales del verano cordobés. La columna de mercurio sobrepasa con cierta frecuencia los 45°. La humedad es bajísima, mínima. La fina piel de la uva comienza a cambiar de color por efecto de las radiaciones solares. Al mismo tiempo se concentran los azúcares y los ácidos orgánicos, desapareciendo el málico y produciéndose una desorganización de las membranas celulares que va a favorecer la posterior extracción del denso y aromático zumo de las pasas.

Llegado el punto óptimo de pasificación, los racimos se recogen y llevan al lagar, donde se molturan y, tras un optativo escurrido estático o mecánico, pasan a prensas horizontales de pequeño diámetro en las que la presión superficial es elevada. Finalizadas las posibilidades de extracción del mosto en estas prensas, la vendimia pasa a otras, de accionamiento hidráulico, similares a las utilizadas para la obtención del aceite de oliva.

Recogiendo las pasas

Como es lógico suponer, el rendimiento es muy bajo, obteniéndose, aproximadamente, veintinueve litros de un mosto dulcísimo por cada cien kilos de uva fresca. Conviene recordar que el porcentaje para la elaboración de vinos secos es de setenta litros de mosto por cada cien kilos de racimos.

La densidad de esta miel de uva supera fácilmente, en los lagares de la campiña sur cordobesa, los 29° Baumé. Tras el desfangado, se le añade al mosto, muy aromático y de color caramelo, una pequeña cantidad de alcohol y variable proporción de vino, raya u oloroso, para reducir su excesivo dulzor, pasando luego a las criaderas.

LA CRIANZA

Aquí no cabe hablar del peligroso paso de los años. El pedro ximénez es sumamente longevo; con un buen tapón, eterno. No le afectan ni la oxidación ni la reducción. En el barril pierde agua, se deshidrata, se va concentrando lentamente; mientras adquiere un color que puede llegar a ser tan oscuro como el azabache y una inusitada densidad. Si la madera es de calidad alcanza aromas inigualables que, poco a poco, se irán percibiendo en la copa. Puede afirmarse que gana en botella, que aumentan sus cualidades envejeciendo en el cristal siempre, claro está, que las condiciones ambientales sean idóneas y el cierre perfecto. Con el paso del tiempo se irán formando depósitos en el fondo de la botella, constituidos por precipitados cristalinos de ácidos orgánicos y de azúcares, que se van insolubilizando.

Muchos años deben pasar para que desaparezca el ligero e inconfundible olor a raspón seco —no se puede despalillar— que lo distingue de imitaciones, mientras que los tonos yodados en el cristal se irán acentuando.

P. X. Segunda prensada

CAPÍTULO V

ARQUETIPOS DE CRIANZA

«Una casita en el campo, una mujer que me quiera, un barril de vino añejo y, luego, que vengan penas.» Así expresa una letrilla popular los sinceros deseos de un agricultor, de no sabemos qué localidad andaluza. Un barril de vino añejo... pensamos en un filosófico amontillado o en un suave y aterciopelado oloroso, para que nos ayuden a pasar los malos ratos.

Criar es añejar, someter el vino a un proceso, más o menos largo, con el que se pretende domar sus energías juveniles, encauzarlas hacia la calidad, mejorar todas sus característi-cas, redondearlo.

En el caso concreto de los finos y manzanillas, algunos autores hacen una clara distinción entre crianza y envejeci-miento, indicando que la primera es la fase aeróbica en la que el vino generoso —es decir, con velo de flor— está en contacto con el aire; y la segunda la etapa anaeróbica, en la que se trata de evitar, por todos los medios, la oxidación. La realidad es que, pensemos en un fino, el vino envejece mientras se cría. Sólo cuando el vino se embotella, consu-mido el oxígeno disuelto más el añadido al taponar, puede hablarse de un proceso puramente reductivo. Incluso los tintos, guardados en barricas herméticamente cerradas, reciben aire a través de los poros de la madera y se oxigenan en los periódicos trasiegos como en otras operaciones bodegueras.

No cabe aquí profundizar mucho en los fenómenos de la crianza, en definitiva en los fenómenos biológicos y de óxido-reducción que consiguen transformar el vino, tras un periodo más o menos largo, en un producto más sutil, más perfumado y sabroso, más complejo. Sólo hay lugar para dedicarles unas líneas a la crianza de los olvidados vinos generosos y licorosos —a los que la mayoría de los autores les prestan poco espacio— y, después, otras al envejecimiento de blancos y tintos, que pasan también parte de su vida entre duelas de roble, antes de llegar a botella.

EL SISTEMA ANDALUZ PARA LA CRIANZA DE LOS VINOS TRADICIONALES

Finalizada la fermentación, separados de las lías, hacia febrero, los vinos nuevos se clasifican. Los de mayor finura, es decir, los procedentes de viñedos con más de veinte años plantados en albarizas de primera calidad, obtenidos de mostos procedentes de la molturación y primera prensada, se destinan a rociar las criaderas de finos y manzanillas.El resto se dedican a la elaboración de rayas, olorosos u otros tipos de vinos, normalmente de crianza oxidativa.

Los nombres fino, amontillado y oloroso son un patrimonio exclusivo de las denominaciones de origen Jerez-Xerez-Sherry y Montilla-Moriles, y de alguna bodega del Aljarafe con reconocidos derechos. La manzanilla es una exclusividad de Sanlúcar de Barrameda. El uso del nombre pedro ximénez, sinónimo de gran vino dulce, queda limitado a los dos sureños marcos vinícolas citados y al de denominación de origen Málaga.

En el Condado de Huelva los vinos se denominan pálido, oro y viejo, que se corresponden con los tipos fino, amontillado y oloroso.

En los finos se encuentran diferencias notables entre los cordobeses, gaditanos, onubenses y sevillanos.

Como ya se ha comentado, la Pedro Ximénez, en los pagos del sur de Córdoba, alcanza tal punto de madurez que sus mostos suelen entrar en los lagares, a partir de mediados de vendimia, e incluso antes, con densidades que rondan y superan holgadamente los 250 gramos de azúcar por litro. Como sabrá el lector, cada 17 gramos de azúcar en el mosto se transforma en un grado de alcohol, lo que quiere decir que la graduación natural de ese vino montillano será de 14'7°. Estos porcentajes naturales de etanol se superan normalmente, alcanzándose, algunos años, hasta 16°. Con esa riqueza el vino puede pasar, sin más adiciones, a las criaderas de finos.

Por circunstancias climáticas y varietales, en el resto de las zonas andaluzas citadas la uva no llega a alcanzar una concentración de azúcares tan elevada. Ello hace imprescindible el encabezamiento, la alcoholización de los mostos, hasta situarlos en los 15° ó 15'5°, porcentaje necesario para que puedan pasar a las criaderas. Desde que estos se alcoholizan, en los meses de febrero o marzo, hasta que después de una segunda clasificación, de una segunda cata, pasan a las botas, los vinos encabezados reciben el nombre de *sobretablas*.

Puede decirse por lo expuesto, y en honor a la verdad, que el único vino fino que llega al consumidor sin ningún tipo de añadidos, con su graduación alcohólica natural, es el de Montilla-Moriles.

COMIENZA LA CRIANZA

El vino con destino a crianza biológica ha de reunir las mayores virtudes, y debe permanecer alrededor de un año en depósito, antes de pasar a la madera, a la última criadera, por cuyas botas entrará en la bodega.

Llenas las botas hasta las cuatro quintas partes de su capacidad, en la superficie de las destinadas a crianza biológica puede apreciarse cómo sobrenadando el vino existe una delicada capa de color blanquecino formada por diversas agrupaciones que, por su geometría, nos recuerdan la forma de una flor.

Con el paso de los días, estas flores irán aumentando de tamaño y grosor hasta formar un velo continuo, que cubrirá toda la capa líquida en contacto con el aire. Nada tiene que ver esta nata con otras, de parecida contextura, que para desgracia del vino y de su propietario, pueden aparecer en la superficie, causando acetificaciones, pérdidas de alcohol y otros graves males.

En dos palabras: las levaduras de flor ascienden a la superficie porque cuentan con un ADN que provoca la sintetización, en condiciones idóneas, de un lípido que las hace perder densidad. A partir de su aparición, imprimirán al vino nuevas y gratas características, al igual que otros hongos multiplican el aroma y el sabor de productos, también alimentarios, como el queso o el jamón.

Las levaduras de flor son del género *Saccharomyces*. Se conocen más de doscientas especies cuya nominación y condiciones para formar velo ocuparían tanto espacio que, para no confundir al lector, es preferible hablar simple y genéricamente de levaduras de flor. La transformación que efectúan en el vino base es notable. En vinos finos con más de dos años de crianza, se encuentran varias decenas de nuevos productos que no se hallaban en el vino originario. Al tiempo, llegan a desaparecer, o disminuyen considerablemente, otros componentes como la glicerina, el ácido málico y la acidez volátil.

Uno de los hechos más notables de la crianza en flor es su efecto reductor. El potencial redox, medida que informa sobre lo oxidado o reducido que está un líquido, oscila entre 280 y 360 milivoltios, cuando un vino generoso de crianza oxidativa muestra un potencial de 450 o más. Este fenómeno explica la palidez de los finos. Curiosamente, se ha comprobado que el lugar de la bota donde el potencial

DIAGRAMA DE ELABORACIÓN DE VINOS ANDALUCES GENEROSOS Y LICOROSOS
SISTEMA DE CRIADERAS Y SOLERAS

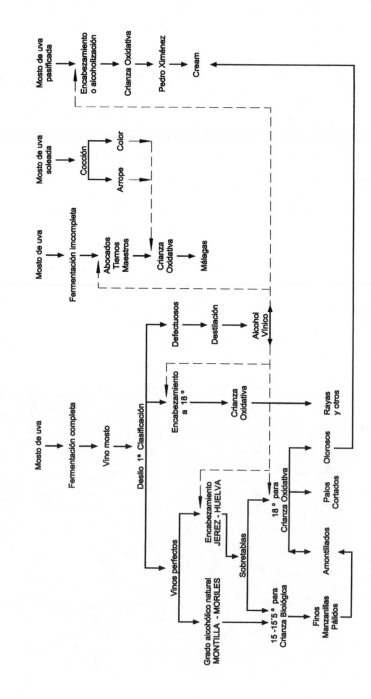

reductor es más bajo es en el fondo del envase, en el que el vino está en contacto con las, coloquialmente llamadas, madres o cabezuelas. Este hecho viene a demostrar que la autolisis de las levaduras genera una actividad reductora sobre los vinos más cercanos, es decir, que el velo sumergido y extinguido es biológicamente activo.

Durante la crianza en flor disminuye, o desaparece casi por completo, la glicerina; descienden ligeramente el grado de alcohol y la acidez tártrica y málica; se reducen los restos de azúcares; baja la acidez volátil y se forman nuevas sustancias aromáticas características.

El color del vino fino va desde el amarillo pajizo al amarillo dorado; algunos poseen delicados tonos verdosos. Son ágiles y ligeros en la copa, brillantes, vivos. Tras el proceso de envejecimiento descrito, adquieren una nariz especial que recuerda a la levadura, a la miga y a la corteza de pan recién cocido, a la almendra y a la hoja seca de tabaco negro, incluso aparecen notas de regaliz. Además, adquiere una nariz que se denomina, en términos bodegueros, punzante.

Levadura de flor

En boca son secos, ligeramente amargos y levemente salinos... aromas y sabores que los hacen inconfundibles. Su persistencia aromática y gustativa es larga y grata.

Conviene reflexionar sobre las peculiaridades de estos vinos únicos. Si el lector ha visitado bodegas de otras zonas, jamás habrá encontrado singularidades como las de los vinos andaluces con crianza biológica bajo velo de flor. No nos cansamos de repetir que blancos, tintos y espumosos, pueden elaborarse en todas las latitudes, donde la viña sea capaz de vegetar y dar fruto. Finos, únicamente en las cuatro provincias occidentales de Andalucía, en la tierra de María Santísima como se comenzó a llamar a finales del siglo pasado.

Decía Ortega y Gasset: «vive el andaluz en una tierra grasa, ubérrima, que con el mínimo esfuerzo da espléndidos frutos». Tan espléndida es que, además, hace el milagro de la crianza, milagro único en la enología mundial si a ella le sumamos el sistema de criaderas y soleras. Por eso, el vino de esta tierra no es sólo exponente de un conjunto feliz de circunstancias climatológicas y geográficas, sino símbolo vivo del grupo humano que acertó a producirlo y a comercializarlo.

LA CRIANZA OXIDATIVA

En los vinos tradicionales andaluces, la crianza es únicamente oxidativa si la flor desaparece, caso de los amontillados, o apenas llega a formarse, caso de los olorosos y rayas que son encabezados hasta los 18° al poco tiempo de nacer. En estas condiciones, el vino va transformándose por fenómenos exclusivamente físico-químicos.

Así, a nivel puramente físico, se producen insolubilizaciones, pequeños desprendimientos gaseosos, evaporaciones de volátiles y disoluciones de compuestos de la madera.

A escala química, aldehidificaciones, esterificaciones e hidrólisis de polisacáridos.

Por procesos físico-químicos, óxido-reducciones, polimerizaciones, formación y floculación de coloides.

Por procesos bioquímicos, autolisis celulares en los amontillados al haber tenido, con anterioridad, crianza biológica.

Como bien apreciará el lector, tanto la crianza biológica como el envejecimiento oxidativo modifican, lenta y considerablemente, las composiciones química y organoléptica primigenias del vino, dotándolo de nuevas características que hacen inigualables e inimitables a los tradicionales generosos y licorosos andaluces.

En pocas palabras, la materia colorante del vino blanco, los taninos, va oxidándose lentamente y virando el color a tonos ambarinos y caoba. En la nariz se aprecia la nobleza de su vinosidad, adquieren leves tonos de madera, de roble, de frutos secos (avellana y nuez), torrefactos (café y cacao). Los amontillados se hacen aún más punzantes.

Los vinos dulces se oscurecen, adquieren tonalidades azabaches con reflejos yodados. En cata olfativa, comparándolos con los vinos no sometidos a envejecimiento, aparece un amplísimo abanico de fragancias derivadas, en buena parte, de la evolución de los olores varietales de la moscatel y de la pedro ximénez, variedades principales de las que se obtienen.

Higrómetro. Alvear

Patio de Olorosos. Toro Albalá

Criadera de Olorosos. Navisa. Montilla

133

EN LOS VINOS GENEROSOS NO EXISTE EL CONCEPTO AÑADA

No hay aquí más vino de añada que el que permanece en depósitos hasta que se incorpora al sistema. Es esta una característica que algunos compradores critican, acostumbrados a leer en la etiqueta el año de la vendimia en que se elaboró el vino, aduciendo una igualdad para todos los caldos del orbe que, en realidad, no existe.

Exteriormente, es difícil distinguir una botella de un fino con poca crianza de otro que proceda de una larguísima y centenaria criadera, y lo mismo ocurre con el resto de los tipos de vinos que iremos describiendo. En realidad, rotular la etiqueta con el nombre, por ejemplo, OLOROSO 1946, querrá decir, probablemente, que la solera de esa marca se fundó en dicho año, pero no que el vino que contiene la botella sea íntegramente de 1946.

No sería disparatado mejorar, en este sentido, la información al consumidor indicándole, al menos, el número de criaderas que anteceden y proveen a las soleras de donde se extrae el vino que se expende al comercio. Señalar, bajo el control del consejo regulador correspondiente, que la marca embotellada ha pasado por nueve criaderas, es aclarar al cliente que el vino que tiene en la mano posee una vejez mayor que el que sólo tiene tres, lo que, sin duda, justificará su precio más alto.

EL SISTEMA DE CRIADERAS Y SOLERAS

Entramos en la bodega. Largas hileras de botas, cuidadosamente colocadas unas encima de otras, guardan los caldos. Se llama andana, criadera o escala a cada una de estas hileras de botas. La que está en el suelo puede llamarse primera criadera pero, normalmente, se la denomina solera. Desde aquí hacia arriba, primera criadera, segunda criadera, tercera... y así sucesivamente hasta llegar a la última, que no tiene por qué estar encima de las anteriores, ni en la misma bodega.

Valga añadir aquí que los envases de crianza permanecen quietos durante años, salvo que se produzcan pérdidas de vino, roturas o averías de cualquier clase. A diferencia de los vinos de añada, estos barriles no se vacían y friegan periódicamente, sino que pueden permanecer cincuenta años, o más, sin que se les quiten los depósitos que se van formando, constituidos por levaduras muertas, sales insolubilizadas, sólidos que han ido precipitando, etc.

Bodega de crianza. Cooperativa La Aurora. Montilla

Bodega de crianza González Byass

Se desconoce quién lo inventó y cuándo comenzó a utilizarse este original sistema. Autores jerezanos opinan que se inició en Sanlúcar de Barrameda, en el siglo XVIII. Lo cierto es que su inventor consiguió plenamente el fin pretendido: producir vinos homogéneos, uniformes, sea cual sea su tipo, a lo largo de los años. El autor opina, modestamente, que quizá el sistema de criaderas y soleras es el resultado de tener una bodega pequeña, en la que faltaba espacio para ampliar el número de cascos. El propietario comenzó a colocar un barril encima de otro y, ya se sabe, es más fácil

ESQUEMA DEL PROCESO DE REPOSICIÓN DE LAS SOLERAS

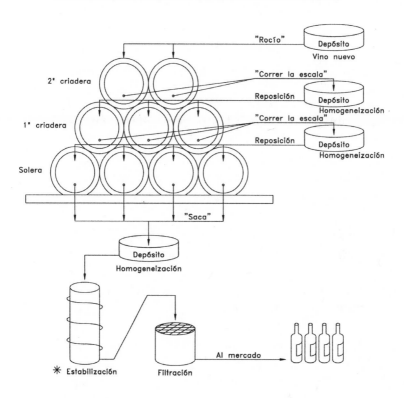

sacar el vino del tonel de abajo. A medida que vendía de este, rellenaba con el de arriba...

Comentábamos antes que el vino que se comercializa se saca de las botas que están en el suelo, de las soleras. Vamos a describir ahora cómo se realiza, cómo se pone en práctica la crianza de vinos mediante el sistema de criaderas y soleras.

En cada uno de los reglamentos de las denominaciones de origen andaluzas que utilizan este tipo de envejecimiento, existe un artículo que fija el volumen máximo que puede extraerse anualmente de cada uno de los envases. En Montilla-Moriles, por ejemplo, se limita al 40%, lo que quiere decir que de una bota de 30 arrobas pueden venderse 12 en cada campaña o, lo que es lo mismo, 192 litros.

El volumen total de vino extraído de las botas de solera se repone con vino de la primera criadera. El vacío que se origina en esta, se rellena con caldos de la segunda, y así, consecutivamente hasta llegar a la última, que puede ser la sexta o séptima y que, lógicamente, es la que contiene la mayor proporción de vino del año.

Las doce arrobas citadas se extraen en dos o más veces, denominándose **rocío** a la operación de relleno, **saca** a la de extracción y **correr la escala** al conjunto de operaciones de extracción y reposición de vino, desde las andanas hacia las soleras. La finalidad, repetimos, es conseguir vinos homogéneos, poder mantener en el mercado una marca con calidad constante, sin altibajos.

Este sistema ha dado lugar a la creación de útiles específicos, como la canoa, embudo que permite acceder a la boca de la bota con facilidad; y los rociadores, tubos largos, curvados y agujereados, que se introducen en el envase y permiten que el vino se mezcle homogénea y lentamente, sin enturbiarlo.

En resumen: el sistema descrito, además de mantener inalterada la calidad, posibilita, en el caso de los finos y manzanillas, la crianza biológica, al aportar pequeñas cantidades de oxígeno y micronutrientes que proceden de los vinos más jóvenes, alimentos esenciales para el desarrollo de las levaduras. En los amontillados y olorosos, en general en todos los sometidos a crianza oxidativa, la aireación de los rocíos acelera el envejecimiento.

Se preguntará el lector qué edad media tiene el fino o el amontillado que está bebiendo. Por poner un ejemplo, el vino procedente de un sistema con cuatro escalas, montado hace veinte años, del que se extrae, en cuatro sacas anuales, el 25 por ciento, tendrá una edad media de cuatro años.

Si lo desea, puede hacer el siguiente cálculo para averiguarlo: divida el volumen total de vino de una criadera entre la cantidad extraída cada año, y el resultado será la edad media.

Esperamos que el lector sepa disculpar lo prolijo de estas notas sobre los vinos andaluces, su elaboración y singular crianza. Normalmente, los autores de textos enológicos le dedican poco espacio. La realidad es que ningún otro proceso de envejecimiento se le parece. Su implantación y utilización son patrimonio exclusivo de Andalucía y forman parte de su cultura; que el vino ha sido siempre en esta tierra motor secreto de la inspiración, imán de nuestros visitantes y esencia generosa de la tierra.

Venenciadora

LA CRIANZA DE BLANCOS Y TINTOS

El siglo XIX marca un hito en la ciencia enológica. Hasta entonces sólo los vinos con una riqueza importante en etanol soportaban el paso de los años. Para el bodeguero meridional, contar con más de 14 ó 15 grados era una garantía que le permitía enviarlos lejos, marearlos, añejarlos; en pocas palabras, enranciarlos mediante la oxidación de la materia colorante, del alcohol etílico y de otros componentes. El uso del sulfuroso y la aplicación de nuevas técnicas permitieron conservar los vinos de menor graduación, preservándolos del contacto con el aire. Este avance enológico dio lugar a un nuevo tipo de crianza, casi anaerobia, en la que algunas de las características originales del vino se conservaban durante años.

La barrica de roble de algo más de 200 litros de capacidad es, sin duda, el recipiente ideal para este tipo de envejecimiento. Por una parte, aporta componentes que enriquecen y afinan su aroma y, por otra, añade taninos. En el primer año puede llegar a ceder hasta 200 miligramos por litro. Estos taninos reaccionan con los antocianos, formando

Corriendo la escala. Jarra y canoa

compuestos polímeros estables. El color se modifica y estabiliza, como consecuencia de las complejas reacciones que se originan, a las que no son ajenas las pequeñas cantidades de oxígeno que contiene la madera, y el aire que pasa a través de sus poros y junturas.

Cuando la barrica tiene siete, ocho o más años, se colmata la parte interior de las duelas que está en contacto con el vino. Este fenómeno provoca que el vino no afiance su color, que con la obturación de los poros de la madera suele virar hacia tonos marrones, y que no evolucione organolépticamente, dando matices herbáceos a la nariz y astringencia en boca.

Por el contrario, cuando la madera es nueva y el proceso correcto, el resultado es un vino de color rojo —más o menos intenso— estable, aromático y de suave y aterciopelado sabor. Es defectuoso el vino que huele o sabe a roble de forma acusada, descaradamente. No es este el papel que deben cumplir, en la crianza, las duelas de este noble árbol. Su mejor aportación es la de indicar sólo, discretamente, con elegancia, que el néctar que tenemos en la copa ha permanecido en su compañía una larga temporada.

Rociador

141

Vinos blancos procedentes de determinadas variedades (Chardonnay, Viura, Verdejo...) se someten también a este tipo de crianza. Se aprecia un incremento del color, que vira a tonos amarillo dorados e, incluso, ambarinos. A la nariz ganan en complejidad, perdiendo aromas primarios y adquiriendo delicados matices a vainilla y roble, avellanados algunos. No es recomendable la larga permanencia en botella de estos vinos.

LA FERMENTACIÓN Y CRIANZA DE VINOS BLANCOS EN BARRICA

No hay duda de que, en los últimos años, esta técnica enológica se ha popularizado en nuestro país. Su origen es francés. En la Borgoña es práctica habitual, partiendo de mostos de Chardonnay que, previamente, han macerado con los hollejos para incrementar sus aromas primarios.

Se utilizan barricas nuevas que aportan conjuntamente aromas especiados, tostados o empireumáticos y —los

Barrica de roble Allier

menos deseados—, a madera. Fermentan en bodegas bien ventiladas, a unos 20° de temperatura, durante algo más de un mes con los envases en posición vertical. Finalizado el proceso, las barricas se taponan herméticamente y el vino permanece en contacto con las lías, hasta un máximo de seis meses, agitándose periódicamente para facilitar la autolisis celular y el mencionado contacto con las lías. Este removido, lector, se denomina *battanage*.

La fermentación en barrica se ha extendido por toda la España vinícola, desde las frescas Albariño y Godello gallegas, hasta la cálida Garnacha blanca tarraconense, extendiéndose hasta Extremadura y Castilla-La Mancha. Proporciona, en la mayoría de los casos, excelentes vinos de color amarillo intenso y tonos ocres, aromáticos, especiados, algunos con exóticos recuerdos tropicales.

LA CRIANZA EN BOTELLA

Finalizada la permanencia del vino en la barrica, tras su estabilización y embotellado, comienza una nueva y última

Tinto en crianza. Bodega Dominio de la Vega

Crianza de vinos tintos en barricas. Bodegas Yllera

etapa que, en la mayoría de los casos, va a redondear sus cualidades.

A diferencia de la anterior, la crianza en botella es, prácticamente, anaerobia. Sólo pequeñísimos e insignificantes volúmenes de aire atraviesan el tapón, sobre todo si el envase está tumbado y el corcho permanece húmedo e hinchado; salvo, claro está, que este sea defectuoso, hecho que es, como veremos a continuación, fácilmente comprobable.

Si al quitar la cápsula aparece una zona tintada, oscura, entre el vidrio y el tapón, es probable que se deba a que la botella se ha colocado horizontalmente antes de que el corcho se haya expandido. Cuando la zona manchada sólo ocupa una parte de ese anillo la pérdida es achacable a la mordaza de la taponadora.

Otra posibilidad: si el corcho tiene poca densidad el vino se filtrará a través de sus poros, manchando toda la superficie en contacto con la cápsula o con el exterior. En este caso, partiendo el tapón, se apreciará que su interior está también oscurecido y, probablemente, húmedo.

Cuando la penetración de aire es importante, el vino se oxida y en la copa aparecerá quebrado y rancio e, incluso, acetificado.

Hoy se discute si la botella en crianza ha de estar de pie u horizontal. Dicen los castizos que el vino debe descansar acostado, como las personas. Entendemos que llevan razón. En posición vertical, a los pocos meses, la superficie de vino en contacto con el aire tiende a degradarse, proceso que, posteriormente, se extenderá al resto del líquido.

CÓMO Y CUÁNTO TIEMPO PUEDE GUARDARSE LA BOTELLA

Ya se ha comentado que los vinos blancos soportan mal la cautividad de la botella, salvo que procedan de crianza oxidativa (rancios, olorosos) o que contengan una apreciable cantidad de azúcares (moscatel, oporto, pedro ximénez).

Si el cierre es perfecto, la longevidad de estos últimos es casi ilimitada.

Varios factores inciden en la conservación de los tintos. Con escasez de luz, humedad suficiente y temperatura estable y baja, inferior a 10° centígrados, la vida del vino será doble que en las mismas condiciones pero con temperatura ambiente de 20°.

Influye de forma inversamente proporcional el volumen de la cámara de aire existente entre el tapón y el vino. Cuanto menor sea esta mayor será la duración. Otros dos factores importantes son la calidad del corcho y el contenido de anhídrido sulfuroso del vino. Pero, los más relevantes, los que más inciden en la prolongación de la vida del vino en la botella son, de una parte, la variedad, la edad de la cepa y la calidad de la uva y, de otra, la perfección del proceso de elaboración y de posterior crianza en barrica.

Valga un consejo. Aunque se cuente con un ambiente ideal para la conservación y se tenga la absoluta garantía de la nobleza del vino, no es recomendable dilatar su consumo más de veinte años, salvo contadas excepciones. Aun así pecamos por exceso.

Para finalizar, recordemos al lector que la oxigenación brusca no es recomendable tras el descorche de una botella que ha permanecido largos años cerrada. Si desea comprobar esta aseveración sólo tiene que dejar una botella de un buen reserva, abierta y medio vacía, durante unas horas. Comprobará que entre el vino servido inmediatamente después de descorchar, sin más aireación que la que le imprimimos en el catavino, y el procedente del envase expuesto al aire hay notable diferencia. La aireación le ha hecho perder una buena fracción de su *bouquet*. Por eso no debe airearse el tinto que, con tanto mimo, se ha conservado hasta llegada la hora de consumirlo. Más adelante hablaremos de este tema.

CAPÍTULO VI

ACCIDENTES Y ENFERMEDADES DE LOS VINOS

CLARIFICACIÓN Y ESTABILIZACIÓN

La Enología ha avanzado a pasos agigantados en los últimos años y, consecuentemente, los nuevos conocimientos y tecnologías se han ido extendiendo hasta llegar a los más recónditos rincones del mundo vitivinícola.

Los centros de enseñanza en España, tan limitados antaño que podían contarse con los dedos de una mano, hoy son numerosos. A las materias dictadas en escuelas y facultades hay que añadir las que con cotidianeidad se imparten, a menor nivel, en cursos y seminarios.

Es difícil encontrar hoy una bodega que no esté asistida técnicamente por un enólogo que se ocupa de dirigir todos los procesos, desde la vendimia hasta la última fase de estabilización y embotellado.

El bodeguero empírico, nada tenemos contra él y muy expertos los hay, va desapareciendo a medida que la cultura enológica se expande. Lentamente, va siendo sustituido por profesionales con conocimientos más profundos de los complejos procesos que comienzan en la cepa y finalizan en la copa.

Viene este pequeño prólogo a cuento porque este avance docente redunda muy favorablemente en el consumidor, al que cada vez es menos frecuente que lleguen vinos alterados.

Podríamos extendernos, ampliamente, para contarle al lector un sinfín de accidentes y enfermedades que los vinos pueden padecer, pero la grata realidad es que la patología enológica es cada vez más reducida, hecho al que no es ajena la aplicación de correctas técnicas de vinificación y de esmerada asepsia en el lagar y en la bodega.

Por ello, vamos a limitarnos a hablar de los problemas más frecuentes que el consumidor puede encontrar en la botella que adquiera, comenzando por los accidentes y alteraciones y finalizando por las enfermedades provocadas por microorganismos.

Depósitos de almacenaje y estabilización. Bodegas Toro Albalá

LAS QUIEBRAS

Se denominan quiebras a una amplia serie de alteraciones de los vinos, algunas de origen puramente físico y otras de origen químico, que tienen la nota común de producir cambios sensibles del color, opalescencias, enturbiamientos, formación de depósitos de distintos colores y aspectos que, en resumen, *quiebran* la apariencia del vino.

Como tantas otras acepciones enológicas, quiebra es la traducción de la palabra francesa *cassé*. El autor aclara que ha intentado averiguar, sin conseguirlo, cómo se denominaban estas alteraciones en español hace dos siglos. Dicho de la forma más contundente: sin el menor éxito. Da la impresión de que no existían problemas para los autores de textos enológicos de primeros del siglo XIX. Como ello es más que improbable, concluimos la investigación pensando que las alteraciones se consideraban como un estado más del vino. Esteban Boutelou, por ejemplo, idealizaba la manzanilla cuando estaba sorda o ahilada. Vamos a citar las más comunes.

QUIEBRA O PRECIPITACIÓN TARTÁTICA

El lector conoce que el índice de solubilidad está en función de la temperatura. Dicho de otra forma: mientras más caliente esté el agua mayor capacidad tendrá para, por ejemplo, disolver azúcar. Cuando el líquido se enfríe, parte de ese azúcar se hará insoluble y precipitará en el fondo del envase.

Este hecho físico ocurre con cierta frecuencia en los vinos cuando se enfrían bruscamente antes de consumirlos, sobre todo en los recién elaborados. Al descender la temperatura, parte de los ácidos y de las sales ácidas del vino se insolubilizan y caen al fondo de la botella en forma de brillantes cristales que se apreciaran con facilidad al observar el caldo embotellado contra un foco de luz o, al mover el vino en la copa.

En los tintos, además, puede precipitar parte de la materia colorante que irá a posarse en las paredes y en el fondo de la botella formando lo que, coloquialmente, se llama *cama*. Tampoco tiene mayor importancia, salvo la molestia que supone separar el vino de los sedimentos. Estas alteraciones pueden prevenirse en bodega mediante la ultrarrefrigeración previa al embotellado o utilizando coloides protectores que inhiben los precipitados.

QUIEBRA FÉRRICA

Es bastante menos frecuente que la anterior y tiene también una fácil explicación. Ciertas variedades de viníferas tienen mayor capacidad que otras para tomar del suelo determinados minerales: la Tempranillo potasio, la Verdejo hierro.

Además, durante la elaboración, el mosto puede disolver compuestos férricos al entrar en contacto con el polvo adherido a la piel de las uvas o con piezas de la maquinaria no protegidas. Estos compuestos pasarán al vino permaneciendo disueltos en él en forma, principalmente, de oxido ferroso, soluble en el vino.

Cuando existe un exceso de este compuesto (hablamos de pocos miligramos por litro, entre seis y veinte) y el vino se airea, el óxido ferroso pasa a óxido férrico, no soluble, lo que provoca un enturbiamiento del vino acompañado de un cambio de color. En los blancos la alteración cromática puede ir de blanquecino a oscuro, casi negruzco, y en los tintos, por combinación del hierro con los polifenoles, pueden aparecer depósitos de color azulado.

QUIEBRA CÚPRICA

También conocida como quiebra cuprosa, es exclusiva de los vinos blancos embotellados. Se produce por exceso de cobre, presencia de proteínas y aminoácidos, y en ambiente reductor. Como en el caso anterior, hablamos de escasos miligramos por litro. Los síntomas son enturbiamientos lechosos con precipitados que pueden presentar aspecto rojizo, grumoso o en forma de copos de color oscuro. Al contrario que la quiebra férrica, suelen desaparecer los síntomas al airear el vino. Coadyuvan con esta alteración la luz, la temperatura, una dosis elevada de sulfuroso y la agitación del vino. Una de las formas de prevenirla, además de evitar el contacto del vino con el cobre, es utilizar botellas coloreadas porque esta quiebra es un fenómeno fotoquímico.

QUIEBRA OXIDÁSICA

Como ya hemos visto, los compuestos fenólicos son muy sensibles a la oxidación. Los vinos blancos pardean y los tintos se decoloran, tendiendo su color a tonos cuero. Esta sensibilidad aumenta cuando la uva ha sufrido ataques de hongos, si ha entrado en el lagar atacada por la podredumbre gris y, también, cuando la asepsia deja que desear y se ha sido parco en el uso del anhídrido sulfuroso. Debe considerarse también la riqueza en oxidasas de determinadas uvas, que hacen que el vino elaborado con ellas sea proclive a este tipo de alteración.

En el mosto existen, principalmente, dos oxidasas: la tirosina, siempre presente en la uva, y la lacasa, procedente del ataque del *Botrytis cinerea* en vendimias lluviosas. La lacasa es más soluble que la tirosina y su acción altera el color, el aroma y el gusto, que se hace amargo y áspero. Puede ir acompañada de sensibles aumentos de la acidez volátil.

Como ya se comentó en el capítulo III, las oxidasas son catalizadores enzimáticos de la oxidación.

LAS ENFERMEDADES

Se deben a ataques microbianos, generalmente de bacterias, que transforman determinados componentes del vino modificando el color, el sabor, la limpidez, la densidad aparente... produciendo nuevas sustancias que alteran sus características originales. Más que combatirlas, lo ideal, como en las quiebras, es prevenirlas. Asepsia, uso correcto del anhídrido sulfuroso, correcta vinificación y conservación, son garantías de por vida de la sana longevidad del vino.

LA ACETIFICACIÓN, PICADO ACÉTICO, ASCENCIA O AVINAGRAMIENTO

Es una de las enfermedades más frecuentes. Las bacterias acéticas, del género *Acetobácter*, se desarrollan sobre la superficie del vino formando velos de diferente aspecto y textura. Lentamente, van oxidando el alcohol que transforman en ácido acético y en acetato de etilo, éster que aporta su característico olor a vinagre que va unido a ciertos tonos resinosos que recuerdan el aroma de algunos pegamentos. El acetato de etilo no se produce de forma directamente proporcional al contenido de acético, lo que viene a explicar que determinados vinos de crianza biológica y oxidativa huelan a acetato de etilo y no tengan una acidez acética disparatada.

Preservar el vino del contacto con el aire, el uso de correctas técnicas de elaboración y conservación y, reiteramos, el justo empleo del anhídrido sulfuroso, evitan el desarrollo de estos microorganismos que encuentran su caldo ideal de cultivo en vinos debilitados, desequilibrados, con restos de azúcares y cortos de acidez y de alcohol.

También hay que considerar que, bien guiadas, las bacterias acéticas son las responsables de la producción de excelentes y perfumados vinagres, insustituibles en la cocina. No lo olvide el propietario de uno de esos barrilitos cuyo vino se acetifica. Cuando esto ocurre lo mejor es que deje que el proceso siga su curso natural. A los pocos meses, podrá presumir de tener un buen vinagre y, si lo cuida proporcionándole unas condiciones ambientales similares a las que necesita un fino, irá mejorando con el paso de los años. Para mantener el nivel del barril sirven los restos que quedan en las botellas sin consumir.

LAS FLORES DEL VINO

Nunca deben confundirse con la flor de los vinos generosos andaluces. Las responsables de esta enfermedad aerobia son levaduras *Mycodérmicas* que Pasteur definió como *Mycoderma vini*. Oxidan el etanol produciendo acetaldehído y, también, los ácidos orgánicos. Los vinos aparecen turbios e insípidos. Se asocia con vinos jóvenes de bajo grado. Forma un velo extenso y de cierto grosor.

ALTERACIONES LÁCTICAS

Afortunadamente, son cada vez menos frecuentes. Están provocadas por bacterias lácticas que pueden atacar a distintos componentes del vino, entre ellos el ácido tártrico (vuelta), la glicerina (amargor), los azúcares del mosto semifermentado (picado láctico) y a otros restos de azúcares presentes en el vino. Son también responsables de la llamada enfermedad de la grasa que da lugar a vinos de consistencia oleosa, ahilados, que caen en la copa formando hilos que recuerdan el aceite.

Quizá la más frecuente sea el **picado láctico**, que aparece normalmente en vinos cuya fermentación se ha paralizado por exceso de temperatura. Las bacterias atacan a los azúcares convirtiéndolos en acético y láctico. En estas condiciones el vino tiene un desagradable sabor agridulce. Suele ir acompañada de la fermentación del manitol, producido por el desdoblamiento de la fructosa.

LA GRASA O HILADO

No se considera, propiamente, como una enfermedad. El vino cae de forma oleosa, sorda, formando hilos. En la copa presenta un aspecto viscoso. No afecta ni al olor ni al sabor, ni tan siquiera a su composición química, salvo la presencia de un coloide de tipo polisacárido (dextrano) que provoca un importante incremento de la viscosidad. Esta enfermedad está originada por ciertas cepas de bacterias (*Pedioccus damnosus*) que se agrupan formando largas cadenas causales de su aspecto característico. El ahilado cede fácilmente con dosis moderadas de anhídrido sulfuroso y con aireación.

No es raro encontrar vinos de crianza biológica en este estado, claro está, en las botas.

LA CLARIFICACIÓN Y ESTABILIZACIÓN DE LOS VINOS

Finalizada la fermentación, el vino comienza a limpiarse en el depósito por efecto de la gravedad. Los sólidos son los primeros en caer y, al mismo tiempo, al bajar la temperatura del líquido, determinados componentes se insolubilizan y precipitan. En el fondo, en las lías, se encuentran levaduras muertas junto a pepitas, trozos de hollejos, incluso de pámpanos, tierra, sales de ácidos orgánicos...

Tras el primer trasiego, el vino que está más próximo a la superficie irá perdiendo su aspecto opalino e irá ganando transparencia y brillo y, con el paso de los días, la totalidad del depósito deberá quedar en las mismas condiciones.

Pero, no siempre la clarificación es espontánea. Problemas de diversa índole, algunos ya citados, pueden alterar el proceso de decantación quedando el líquido turbio, con aspecto poco agradable. Además, antes del embotellado, para evitar que el vino pierda nitidez —limpieza en el envase—, es necesario proceder a su clarificación, estabilización y filtrado.

Desde los tiempos más remotos se han utilizado diversas sustancias para conseguir estos fines. Ya se ha hablado de la adición de resina y de yeso. También, determinadas tierras han sido empleadas para estos fines, entre otras las de Lebrija (Sevilla) y Pozaldez (Valladolid), conocidas allende nuestras fronteras como tierras de España y, con posterioridad, el caolín y la tierra de infusorios. ¿Qué virtudes tienen estas tierras? Las de Lebrija y Pozaldez son silicatos de alúmina y de caliza, exentos de minerales de hierro atacables por los ácidos del vino. No afectan, prácticamente, a la composición química del vino ni le confieren olores o sabores extraños. Una vez preparadas y añadidas al vino arrastran al fondo los turbios y sólidos en suspensión. Tienen también un pequeño efecto coloidal que coadyuva en una mejor estabilización.

La clarificación con tierras no es perfecta pero sí rápida y, por su facilidad para caer, son especialmente adecuadas para vinos de cierta densidad. Prácticamente, han sido sustituidas por la bentonita de la que hablamos a continuación.

LA CLARIFICACIÓN CON BENTONITA Y CON PRODUCTOS DE ORIGEN ORGÁNICO: LOS ENCOLADOS

Se denominan colas, en Enología, a aquellas sustancias que añadidas al vino floculan arrastrando mecánicamente impurezas en suspensión y que, al mismo tiempo, por la naturaleza eléctrica de sus iones, neutralizan coloides de signo contrario que pueden ser responsables de enturbiamientos.

Por su origen podemos clasificarlas en dos grandes grupos: minerales y orgánicos.

La bentonita es una tierra arcillosa que, por sus especiales características, puede ubicarse dentro de las colas. Es rica en un mineral llamado montmorillonita (compuesto principalmente por silicato de aluminio), en sílice y en diversas sales de magnesio, sodio y calcio. Tiene una gran capacidad de adsorción y floculación. Un gramo de bentonita en solución acuosa supone una superficie extendida de unos cinco metros cuadrados que, al descender, atrapa y arrastra numerosos sólidos en suspensión. Pero, al efecto puramente físico, mecánico, hay que sumarle su importantísima acción coloidal. El vino contiene numerosos coloides de carga positiva, entre ellos macromoléculas proteicas, que pueden provocar enturbiamientos si no se eliminan. Los coloides de una suspensión de bentonita tienen carga negativa y, al reaccionar en la masa del vino, por adsorción neutralizan y precipitan las proteínas.

La bentonita, al eliminar los compuestos proteicos evita la quiebra cúprica y, al mismo tiempo, actúa sobre el color eliminando los antocianos en estado coloidal. Puede decirse, por tanto, que el efecto de este tratamiento es fisicoquímico.

Otra antiquísima técnica estabilizadora se basa en la adición de sustancias orgánicas que tienen la propiedad de coagularse al entrar en contacto con el vino formando grumos que, al precipitar, arrastran hasta el fondo las partículas en suspensión.

Las colas de origen orgánico suelen tener un importante contenido proteico. El lector habrá oído hablar de la clara de huevo, de la leche y de la sangre, sustancias utilizadas desde siempre para limpiar los vinos.

El mecanismo, en pocas palabras, es el siguiente: las proteínas añadidas al vino, con carga coloidal positiva, reaccionan con los coloides polifenólicos que tienen signo opuesto, formándose grumos que en su caída arrastran las impurezas del vino. Influye también el pH. En los blancos secos y ácidos los taninos son más difíciles de arrastrar.

Como observará el lector, el proceso es muy similar al del tratamiento con bentonita. Curiosamente, la clarificación con sustancias proteicas es más efectiva con el vino relativamente frío, a temperaturas que ronden los 10° centígrados. Con las tierras ocurre todo lo contrario, la efectividad es mayor a temperatura ambiente de bodega, superior, normalmente, a 15°.

Hoy se usa la gelatina, la cola de pescado, la albúmina de huevo, la caseína y la sangre pulverizada.

Se suelen tanizar, ligeramente, los vinos pobres en polifenoles para facilitar la floculación.

LA REFRIGERACIÓN

Tradicionalmente, en invierno se han abierto las ventanas de las bodegas para facilitar la decantación y limpieza de los nuevos caldos. Ya se ha comentado que al enfriar el vino parte de las sales de ácidos orgánicos, y algunos fosfatos y compuestos férricos, se insolubilizan y precipitan junto con determinadas materias en estado coloidal, entre las que podemos incluir fracciones de antocianos presentes en tintos jóvenes que, caso contrario, se enturbiarían al ponerlos en nevera.

El proceso consiste en hacer descender la temperatura hasta aproximarla al punto de congelación y mantener el vino en estas condiciones durante, aproximadamente, una semana.

Como regla, valga añadir que la temperatura negativa mínima a la que puede enfriarse un vino, sin que se produzca congelación, es la que corresponde a la mitad de su graduación alcohólica menos uno. Dicho de otra forma, un vino de 12° de alcohol habrá que enfriarlo hasta llegar a menos 5° centígrados, ya que a menos 6° se congela.

La formación de cristales está en función de la rapidez del proceso. Se facilita mediante la adición de gérmenes cristalinos y por agitación continua del vino en el depósito. Si el enfriamiento es progresivo los cristales tienen mayor tamaño que si este es brusco. Sin embargo, la precipitación por insolubilización es mayor en el segundo caso.

Modernas tecnologías permiten acelerar considerablemente el proceso, bien mediante un sistema continuo o por contacto.

Finalizada la refrigeración, el vino se filtra y embotella. Además de en estabilidad, el tratamiento de frío mejora el vino en finura olfativa y gustativa.

LA GOMA ARÁBIGA Y EL ÁCIDO METATÁRTRICO

Poco cabe hablar aquí de estos dos productos, salvo para satisfacer la curiosidad del lector. La goma arábiga, que se extrae de unas acacias africanas, es un coloide protector que evita el enturbiamiento al bloquear la aglomeración de partículas.

El ácido metatártrico, derivado del tártrico, impide la formación de cristales de bitartratos. Puede sustituir a la refrigeración, antes descrita, durante un periodo de tiempo que oscila, en función de la temperatura, entre un año y dos o tres meses. A mayor temperatura menor efectividad.

LA FILTRACIÓN

Llegamos al último paso previo al embotellado, aunque la filtración puede realizarse con anterioridad y con otros fines. Citemos, como ejemplo, su uso para separar sólidos y turbideces de cierto grosor antes de pasar el vino a los envases de crianza.

Desde la más remota antigüedad se han utilizado todo tipo de materiales porosos para estos fines, evolución que comienza en primitivos tejidos confeccionados con fibras vegetales, pasando por la celulosa, el amianto —actualmente prohibido— y la tierra de infusorios, hasta llegar hoy a los modernos filtros de membrana con capacidad prácticamente esterilizante.

Pueden clasificarse los materiales filtrantes en dos grupos, según trabajen por adsorción o por colmatación, aunque, en el primero de los casos, sea difícil encontrar un filtro que actúe exclusivamente por atracción de partículas.

El fenómeno de la adsorción ya se ha descrito. Vamos a conocer ahora su aplicación en la filtración. A modo de ejemplo, nada más fácil que utilizar celulosa, cuyas fibras tienen carga positiva. Al pasar el vino, que contiene partículas en suspensión de carga contraria, se atraen y neutralizan quedando retenidas en la placa filtrante. En este supuesto, el diámetro de los poros de la celulosa no tiene que ser menor que el de las partículas a separar.

En el segundo caso, la limpidez se consigue haciendo pasar el vino por materias cuyos canales tienen un grosor inferior al de los sólidos a separar. Los poros de los microfiltros actuales tienen diámetros que se aproximan a la micra. Por tamizado, por colmatación, retienen todas aquellas partículas de superior tamaño, entre otras, las levaduras.

Entre unos y otros existe una amplia oferta, caracterizada por su capacidad de retención y por su rendimiento. No es igual filtrar un vino nuevo, cargado de partículas, que un vino clarificado, que ya ha perdido buena parte de las materias a eliminar.

La filtración, en resumen, al separar del vino sustancias ajenas a él que pueden originar aromas y sabores desagradables, colabora eficazmente en la mejora de su calidad y en una mejor conservación. Un vino limpio huele y sabe mejor. La filtración es, además, el complemento ideal de la clarificación o encolado.

EL EMBOTELLADO

El vidrio se obtiene fundiendo, a 1.500°, compuestos ricos en sílice, sosa, aluminio, magnesio, cal, acompañados de diversos óxidos metálicos cuyo fin es colorearlos.

El color del vidrio tiene un importante papel en la conservación del vino. Por el efecto catalizador de la luz, blancos y tintos envejecen con mayor rapidez en botellas incoloras que en botellas oscuras, lo que no quiere decir que envejezcan mejor.

Para evitar problemas posteriores, el primer paso de este último proceso es un escrupuloso lavado y secado de las botellas. Los envases deben llegar a la llenadora prácticamente esterilizados. No vamos a entrar ahora en la descripción de los diversos tipos de maquinaria utilizada para este fin. Piense el lector en la evolución: directamente desde la canilla, el embudo con válvula de retención, la llenadora por sifón con aporte manual de los envases, el embotellado isobárico, por presión diferencial... El rendimiento puede oscilar desde pocas hasta más de diez mil unidades por hora.

Sin duda, el mejor equipo será el que menos aire aporte al vino y, entre ellos, los que desalojen el aire de la botella antes del llenado y taponado.

La calidad del tapón es otro importante factor para la conservación del vino embotellado. El corcho, utilizado en la cuenca mediterránea desde los tiempos más remotos, no ha encontrado aún sustituto. Además, descorchar una botella, por modesta que sea, sigue siendo una ceremonia.

El 95% del corcho es aire ocluido en los numerosos alvéolos que lo componen. Un centímetro cúbico de corcho tiene entre quince y cuarenta millones de células. Por ello, su densidad es bajísima, 0'20, y su flexibilidad es tal, sobre todo cuando está húmedo, que, después de comprimirlo a un cuarto de su tamaño, recupera en tres minutos el 90% de su volumen inicial.

La calidad del corcho está en función de su flexibilidad, de su elasticidad y de su hermeticidad. Aclaramos los conceptos: un material puede ser blando pero no elástico. Las mejores planchas se extraen de árboles de más de treinta años, plantados en ladera y en suelos poco fértiles.

Vendimiando. Ribera Sacra

Rías Baixas

Somontano

Jerez

Montilla-Moriles

Fino. Montilla-Moriles

Amontillado. Montilla-Moriles

Cigales

Valdepeñas

Ribera del Guadiana

La Mancha

Rioja

Rioja

Ribera del Duero

Variedad verdejo

Batán. Tenerife

CAPÍTULO VII

LA CATA DE VINOS

En los textos más remotos y en las más diversas lenguas, es frecuente encontrar citas que detallan las características organolépticas del vino: en las tablillas de barro procedentes de la biblioteca de Asurbanipal, en los textos hebreos, en el alfabeto egipcio... Desde los textos homéricos en adelante, raro es el autor que no dedica unas frases a describir el vino que está bebiendo.

Centrándonos en España, existen numerosas referencias en torno al vino y su degustación en la literatura de las épocas romana, visigoda y musulmana y más aún a partir del siglo XII; buena prueba de ello es el poema del Mío Cid. Pero, hay que reconocer que fueron los vinicultores franceses los primeros en profundizar en el mundo de la cata. Encomiablemente, no han dejado de hacerlo desde que Felipe el Hermoso, en 1312, fundara una sociedad parisina de catadores que aún perdura.

Desde entonces, mucho se ha escrito sobre la materia, especialmente en el país vecino —en el que, curiosamente, la palabra catador no aparece hasta finales del siglo XVIII—, alcanzando su cenit con los trabajos e investigaciones de los eminentes profesores Emile Peynaud y Pascal Riberau-Gayon. Para ambos, esta es la definición general de cata: «es probar con atención un producto cuya calidad queremos apreciar, es someterlo a nuestros sentidos, en particular al del gusto y al del olfato; es tratar de conocerlo buscando sus diferentes defectos y sus diferentes cualidades, con el fin de expresarlos; es estudiar, analizar, describir, definir, juzgar, clasificar».

La facilidad o la dificultad está, sin duda, en función de la cotidianeidad con que se cate y del interés que se ponga en aprender. La clave está en la buena educación y organización de los sentidos que se utilizan.

La finalidad es doble: por una parte, conseguir la satisfacción, el placer sensorial y, por otra, medir organolépticamente las características del producto objeto del examen, que puede ser un alimento (aceite, jamón, pan, queso, vino) o un producto industrial, por ejemplo, un perfume.

Refiriéndonos concretamente al vino, bien merece que sea degustado y no tragado sin más, ya que es el feliz resultado de una larguísima evolución, de un loable trabajo social.

En la degustación debe incluirse de forma habitual el examen organoléptico, un detenido examen organoléptico que, entre otras muchas cosas, permitirá que el catador goce de sus cualidades: de su color, de su aroma y bouquet, de su sabor y de lo que se denomina postgusto y persistencia, conceptos que más adelante se irán definiendo y ampliando.

Permítaseme que insista en el loable esfuerzo del viticultor. Dice el refrán: «la viña y el potro que lo críe otro». Nada más cierto. Desde que se elige un terreno apto para la plantación del portainjertos hasta que se recogen, después de varios años, los primeros racimos vinificables, infinidad de mimos y cuidados ha debido prestar el agricultor a estas nuevas cepas.

Luego ha de recolectar en el momento ideal de madurez y transportar la uva hasta el lagar con rapidez, tratándola con el mayor esmero para que no se produzcan roturas e indeseables oxidaciones.

También ha de trabajar el elaborador con finura y delicadeza para obtener zumos de uva que, tras la fermentación, proporcionen los mejores vinos. El enólogo intenta, con todos los medios a su alcance, conseguir óptimos resultados. Pasado el tiempo, nada hay que agradezca más el bodeguero que la positiva valoración de su vino por quien, en ese momento, lo degusta.

Después viene la crianza, larga y difícil en muchos casos. No vamos a entrar aquí en temas que corresponden a anteriores capítulos; sí reiteramos que el vino no es un refresco de síntesis que puede beberse sin ninguna clase de miramientos. Merece toda nuestra atención y respeto y, consecuentemente, hay que dedicarle el interés y el tiempo que merece.

LA ENOLOGÍA Y LA CATA

La cata forma parte de la Enología. Es más, hay que aprender Enología con el catavino en la mano. No cabe pensar, como antaño, que el alumno estudie las diversas materias que comprende esta ciencia sin aprender a manejar la copa y, con ello, a calificar el vino mediante sus sentidos. Añadimos que la cata, el análisis sensorial, es una rama más de esta licenciatura, una importante asignatura en la que el futuro enólogo debe profundizar y aprobar con buena nota.

Sin la cata podrán elaborarse brillantísimos vinos desde el punto de vista analítico e, incluso, visual. Podrán obtenerse caldos con correcta acidez total y volátil, exacto pH y alcohol, limpios y vivos, pero nunca se conocerá su calidad hasta que no sean juzgados por nariz y boca.

Que el laboratorio asegure la perfección no quiere decir que el vino sea comercial, que sea del agrado del consumidor quien, a la postre, es el que debe dar su visto bueno adquiriendo la botella. Además, las diferencias analíticas entre un vino común y un gran vino son mínimas. Veamos un ejemplo:

	VINO CORRIENTE	GRAN RESERVA
Grado alcohólico	12,4°	12,5°
Densidad	0,9946	0,9943
Extracto seco	26,7	26,8
Materias reductoras	1,5	1,7
Acidez total	3,64	3,43
Acidez volátil	0,55	0,59

La cata debe intervenir a todo lo largo del proceso, desde la finalización de la fermentación hasta llegado el momento de envasar. Pensemos que, por un lamentable error, ese vino delicadamente elaborado y criado se almacenó en un depósito sucio o con olores extraños... Sólo la cata puede juzgar la calidad sensorial y, para hacerlo bien, hay que aplicarse y, al mismo tiempo, aplicar todos los sentidos.

Consecuentemente, el catador aficionado debe intentar adquirir los mayores conocimientos de Enología que le sean posibles. Caso contrario, ¿cómo podrá explicar el olor a sulfhídrico, o un repentino oscurecimiento del color, o la presencia del punzante olor del acetato de etilo? Claro está que no es preciso ser un técnico cualificado para juzgar un vino, pero también es notorio que unos conocimientos, aunque sean poco profundos, no vendrán mal.

En cierta ocasión, planteaba el autor este tema en una tertulia tabernaria en la que participaban aficionados al buen vino y en la que se manejaban términos como duro, ácido, amargo... Intentaba explicarles el origen de los defectos que empíricamente iban detectando, por cierto con éxito dado el nivel intelectual de la audiencia. Uno de ellos puso el ejemplo exacto: «Es como si nosotros supiéramos que llueve, pero no por qué llueve».

A alguien importante le he oído decir que la mejor pedagogía es la reiteración. Nada más cierto. Por eso, valga la insistencia: el mundo del vino es apasionante y merece la pena profundizar en él.

LA COPA

La copa, el catavino, es la herramienta del catador. Debe ser de cristal fino, transparente e incoloro, para que permita apreciar la transparencia, la intensidad, el color y en general todos los aspectos definidos en la fase visual. Su capacidad debe ser suficiente para permitir que 50 ó 60 centímetros cúbicos de vino ocupen la cuarta o quinta parte de su volumen total. Este aforo permitirá pasear el vino por el interior del cristal sin que se derrame, es decir, que puedan realizarse movimientos de rotación que impregnen las paredes del catavino, favoreciendo así la evaporación de los componentes odoríferos más volátiles.

El pie debe ser fino y largo para que, de la mano que sostiene la copa, posiblemente perfumada, no lleguen aromas que puedan confundir al catador. El diámetro de la boca tiene que ser inferior al del centro del cáliz, para concentrar mejor los aromas. Observe el lector la diferencia de percepción que existe entre catar en un vaso y hacerlo en un buen catavino: es una prueba que está al alcance de todos.

Como nota curiosa, añadimos que las destinadas a cata de espumosos deben tener, en el centro del cáliz, donde este se une con el tallo, una zona esmerilada de unos cinco milímetros de diámetro, o una hendidura en forma de cruz, para facilitar el desprendimiento de burbujas.

Las paredes de una copa totalmente limpia, lavada por ejemplo con un ácido o una base muy fuerte, no propiciarán el desprendimiento normal de carbónico. De ahí el interés de contar con rugosidades en el centro del catavino.

La limpieza de las copas debe ser cuidadosa, no debiéndose aclarar con agua que contenga cloro ni utilizar detergentes perfumados. Hay que utilizar agua mineral y secarlas con un paño perfectamente limpio y que a nada huela.

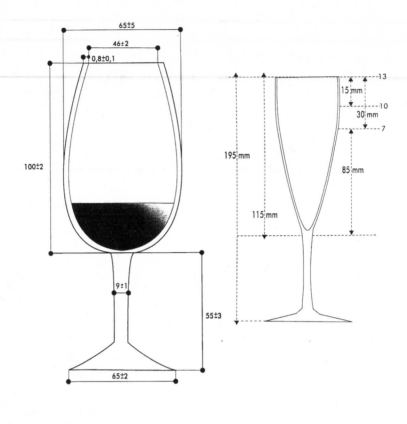

Catavino homologado *Copa para cava: fase visual*

OTROS RECIPIENTES PARA CATAR

No siempre se cató el vino en copa de cristal de dimensiones parecidas a las que antes hemos definido. Aún quedan conchas de plata, de alpaca, e incluso de metales menos nobles, rodando por ahí como recuerdo de aquellas alhóndigas en las que era preceptivo valorar, con estos recipientes, el vino cuya venta monopolizaban los ayuntamientos. La realidad es que, salvo para objetos de decoración o de distinción de cofrades y académicos de asociaciones báquicas, para poco más sirven. Visualmente permiten apreciar bien el brillo, incluso la tonalidad si el color del metal es correcto. En el mejor de los casos, siempre habrá pequeños matices cromáticos, entre las fabricadas con uno u otro metal, que desvirtúen el color exacto del vino, hecho que nunca ocurrirá con el cristal.

A la nariz poca información nos van a proporcionar: la relación entre volumen y diámetro exterior no es adecuada, los aromas se pierden. En la boca, las de plata dejarán un sabor amargo debajo de la lengua, amargor que se acentúa cuando están fabricadas con alpaca. Tendría que recurrirse al oro para obviar estos problemas. Sólo la vía retronasal podrá ayudar cuando se usan estos recipientes. Si el lector tiene alguna de estas conchas, más o menos alveoladas, le recomendamos que la guarde tras cristales, en la vitrina donde coleccione raros objetos enológicos. Se reproduce una en esta página para aquellos que no las conozcan.

Antiguo catavino de plata

LAS DOS ESCUELAS FRANCESAS DE CATA

Por si el aficionado lector ha oído algo sobre este tema, recordemos que, en su día, hubo dos grandes corrientes entre los catadores franceses. En buena parte, el motivo de esta divergencia tenía su origen en la procedencia varietal del vino.

Los borgoñones afirmaban que era la fase olfativa la más importante a la hora de juzgar. Esta aseveración tiene su lógica: los vinos de la Borgoña son varietales, prácticamente monovarietales, proceden mayoritariamente de la Pinot noir y valoraban, prioritariamente, los agradables aromas de esta uva. Por el contrario, los bordeleses, que elaboran sus vinos mezclando distintas cepas, Cabernet sauvignon, Cabernet franc, Merlot... consiguiendo caldos más carnosos, consideraban preferible la cata gustativa, buscando el equilibrio, la estructura, el soporte.

Lógicamente, hoy ambas están fundidas porque, como más adelante se verá, las dos tendencias se complementan.

ORDEN DE LA CATA

Existen las más diversas opiniones sobre el inicio del examen organoléptico.

Es, o parece, lógico comenzar por el sentido de la vista, pero hay excepciones. Si el vino procede de una botella que lleva guardada un tiempo considerable la primera percepción debe ser la olfativa. Mientras mayor haya sido la permanencia del vino en la botella más motivo hay para ello.

Aclaramos el tema. Por efecto de la aireación los aromas a cerrado, de reducción, generados durante años por la ausencia de oxígeno, desaparecen con prontitud una vez abierta la botella y servido el vino. Este resultado se suele conseguir pasando el vino de la botella a una jarra, a un decantador o a cualquier otro recipiente. Se acentuará si se dedican unos instantes a comprobar la limpidez, brillo, color, etc., del vino, agitándolo después de airearlo en el catavinos.

La realidad es que ese aroma de cautividad va incluido en el precio de la botella y vale la pena apreciarlo, distinguirlo y memorizarlo. Si se pierde en el ambiente, se ha desaprovechado una buena oportunidad para seguir lentamente la evolución del vino en contacto con el aire. Servido directamente de la botella al catavino, poco a poco se irán perdiendo los olores característicos que se produce tras una larga estancia en botella e irán surgiendo los verdaderos aromas del vino, sean estos buenos o no porque muchas cosas habrán podido ocurrir en el vino después de tan largo encarcelamiento. No es sinónimo de calidad una larguísima permanencia en botella.

Ante la costumbre de descorchar un tiempo determinado antes de servir, conviene señalar que la mejor aireación se consigue en la copa, ya que en ella la relación vino/aire es enormemente superior o, dicho de otra forma, que poco se consigue con ese procedimiento.

Tras la **olfativa**, la segunda fase es la **visual** y la última la **gustativa**. En determinadas circunstancias, puede valorarse de inmediato, un vino en cata **auditiva**, valoración que luego nos ratificará la nariz y, sobre todo, la boca en fase **táctil**.

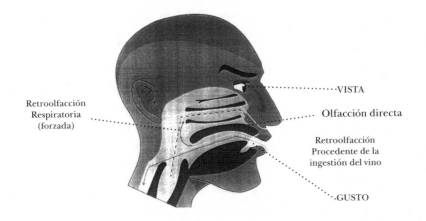

Rutas sensitivas

LA CATA VISUAL

Decía el escritor francés Louis Forets que la estimación de un vino comienza como el amor, por los ojos. Sin embargo, y en función del tipo de vino, la fase visual puede ser o no el primer paso en la cata. Este criterio es válido para un blanco joven, recién embotellado, pero no lo es para un tinto con una larga permanencia en botella. Más abajo lo aclararemos.

El espectro cromático del vino es amplio, extenso. El abanico de colores comienza en el amarillo acuoso y finaliza en el oscuro azabache de un viejo pedro ximénez, pasando por brillantes dorados, por grises rosados, por cálidos caobas, por vivos tonos guinda y cereza, por el rubí y el ámbar. Inacabable relación que el lector puede ir completando a su mejor criterio.

Quede claro que el color de los vinos es totalmente natural y que las condiciones externas, medioambientales, influyen destacadamente en su tonalidad. De ahí que los blancos se *remonten*, aumenten de color, después de un tiempo de exposición al aire, a la luz y al calor. Su color vira y oscurece por oxidación de las materias colorantes (taninos, antocianos, compuestos fenólicos, polifenoloxidasas, hierro, flavonas, etc.) propias del vino y procedentes de la uva. Resumiendo, viene a suceder lo mismo que cuando se deja una manzana partida a la intemperie: el blanco color de la pulpa adquiere, lentamente, tonos marrones al contacto con el aire.

En los tintos, al contrario que en los blancos, la intensidad y el matiz decrecen con el paso del tiempo. El tinto recién elaborado, con un año, presentará tonos rojos fuertes, e incluso morados y violetas, que irán perdiendo intensidad con los años hasta llegar a un más suave rojo ladrillo, rojo teja en los muy viejos. Curiosamente, en los jóvenes la espuma que se forma al caer en la copa es roja. A medida que envejece, esa tonalidad roja va virando hasta llegar a ser blanca en los tintos de cierta edad.

Dos copas para catar el cava. De izquierda a derecha:
fase olfativa y gustativa y fase visual

Puesto el vino en la copa (50 ó 60 centímetros cúbicos, no más) contra un fondo blanco bien iluminado, comenzará la cata visual valorando su color. ¿Es el adecuado? La primera pregunta es fácil de contestar si tenemos un estereotipo, un patrón, memorizado. Un vino blanco joven debe ser pálido. Si, por el contrario, está alto de color lo más probable es que lleve varios años embotellado. Igual puede decirse de finos, manzanillas y cavas. La tonalidad de un tinto gran reserva será más apagada que brillante, su color se acercará más al ladrillo que al cereza.

Hay que observar también el matiz: dentro de los finos podremos hablar de una gama comprendida entre el amarillo pajizo y el amarillo verdoso, aceitunado, clásico de algunos moriles viejos. Los blancos irán desde muy pálidos, casi acuosos, hasta los tonos melosos de algunos moscateles.

Control del brillo

Observando la transparencia

Con la vista se debe comprobar, también, su limpidez y transparencia. El vino no debe aparecer turbio bajo ningún concepto, ni siquiera velado u opalescente. Este defecto (que puede tolerarse cuando en algunos establecimientos lo sirven en rama, sin filtrar) debe ser motivo suficiente para rechazar la botella que ofrecen. A la turbidez puede añadirse la presencia de partículas en suspensión, brillantes o no, de irisaciones grasientas en la superficie o cualquier otra causa que ponga en duda la impecable transparencia de que todo buen vino debe hacer gala. No confundamos lo anterior con presencia de partículas de corcho procedentes de un mal tapón que, probablemente, flotarán.

Cada vez es menos frecuente encontrar pequeños cristales que reverberan y precipitan al fondo de la copa. Como ya se ha dicho, se producen al enfriar bruscamente un vino que no ha sido ultra refrigerado, o, al menos, protegido antes de filtrarlo y embotellarlo. Al descender la temperatura disminuye la capacidad de disolución y determinadas sales que han pasado de la uva al vino, fundamentalmente bitartratos, cristalizan. Este fenómeno físico no resta calidad pero sí presencia.

La vista permite apreciar la armonía entre el color, el olor y el gusto. Un tinto joven, rojo vivo, debe ser aromático, lleno, fresco y algo tánico en la boca. Caso contrario, algo andará mal. Un blanco joven debe ser pálido, frutoso a la nariz y ligero en la boca.

La fluidez es otro parámetro visual a tener muy en cuenta. En algunos vinos finos solía ser frecuente la enfermedad del ahilado. El vino cae con consistencia oleaginosa. Está sordo, insonoro... Cada vino debe tener su grado adecuado de fluidez y movilidad en la copa. Lógicamente, debe ser más ágil un blanco seco que un moscatel o un pedro ximénez. La ausencia de fluidez y movilidad en un vino seco, sobre todo blanco, debe alertarnos por la posibilidad de que esté afectado por la enfermedad de la grasa.

En los vinos espumosos la efervescencia, el desprendimiento de burbujas, es un importante parámetro cualitativo. Largas y finas cadenas de burbujas, formadas desde el fondo y laterales de la copa, llegan incesantemente hasta la superficie del vino, configurando representaciones geométricas de cierto aspecto estrellado que se encaminan hacia las paredes de cristal. A priori, aquí hay un buen cava. Por el contrario, si la burbuja es de grueso aspecto y escasa persistencia (recordando la de una bebida carbónica) lo más probable es que se haya servido un espumoso de mala calidad, deficientemente elaborado. La ausencia de burbujas puede provenir, también, de un defectuoso taponado.

No acaba aquí lo que el catador llega a apreciar en la fase visual. La graduación alcohólica del vino se estima, de forma aproximada, observando con detenimiento el interior del catavino después de haberlo hecho rotar por su interior impregnando el cristal. Efectivamente, el alcohol etílico es tensoactivo por su volatilidad. Al ser el alcohol más volátil que el agua, en la superficie y en la parte superior de la copa mojada se forma una delgada capa de líquido más acuoso y, por lo tanto, de una tensión superficial más fuerte. El efecto de capilaridad hace subir al líquido a lo largo de la copa y la elevación de la tensión superficial tiende a formar gotas; estas, al caer constantemente, dibujan unos canalillos que, con ayuda de la imaginación, representan el llanto del vino. Cuanto más elevada es la concentración de alcohol, más abundantes son las lágrimas. Por lo general suelen ser incoloras.

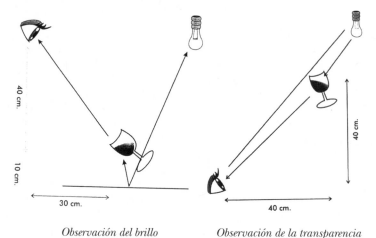

Observación del brillo   *Observación de la transparencia*

Un contenido alto en glicerina incrementa el lagrimeo, también llamado, en lenguaje coloquial, *muslo, pata y pierna.* A igualdad de factores, se acentúa cuando la temperatura de la copa es baja en relación con la del vino. Conviene dejar claro que es el etanol el que forma la lágrima, no la glicerina. Valga el ejemplo: un viejo amontillado lagrimea intensamente; sin embargo, aunque su porcentaje de alcohol puede rondar los 20°, el contenido en glicerina no suele sobrepasar los 2 gramos por litro.

Se vienen utilizando numerosos calificativos para definir conceptos visuales en la cata. Al hablar de limpidez puede decirse que el vino es brillante, transparente, luminoso y, caso contrario, cabe definirlo con uno o varios de los términos siguientes: opalescente, apagado, turbio, quebrado, lechoso, velado, etc.

Para el color se emplean los calificativos vivo, nítido, franco, fresco, luminoso, pálido, acompañando a la amplísima gama cromática que ya hemos citado.

Si el color no resplandece, la falta de vivacidad se expresará diciendo que el vino tiene un tono apagado, mate, pasado (caso corriente de los tintos con bastantes años de botella), dudoso, débil.

Por último, la intensidad irá desde fuerte a mate, pasando por débil, apagada, oscura...

LA CATA OLFATIVA

Si a la hora de valorar visualmente un vino se ha caminado con considerable y fácil objetividad, el paso siguiente, la cata olfativa, además de mucho más compleja y necesitada de práctica cotidiana, puede hacer caer al catador, con facilidad, en lo subjetivo.

El aroma que a un catador llena de satisfacción no tiene por qué ser del agrado de otro, proclive quizás a vinos predeterminados o, dicho de otra forma, de diario consumo a los que está habituado y considera ideales. La objetividad a la hora de catar pasa por no poner como patrón el tipo e incluso la marca de vino que más nos guste. A la hora de juzgar hay que ser imparcial y para poder serlo es bueno, en nuestro caso, contar con suficiente cultura enológica, a la que conviene añadir una excelente dosis de humildad. Delante de una copa hay que ser socrático y no sofista. Ya sabe el lector lo que afirmaba el filósofo ateniense: «sólo sé que no sé nada».

El olfato es el sentido más poderoso con que cuenta el hombre para catar. Es infinitamente más poderoso que el sentido del gusto y se ocupa de reconocer y clasificar las fracciones volátiles de las moléculas difundidas en el aire. Para ello, es condición indispensable que estas sean solubles en la mucosidad olfativa y estén dotadas de olor en forma gaseosa.

La mucosa pituitaria es muy sensible también a los vapores irritantes, buena prueba de ello la tenemos al oler un vino en el que la proporción de anhídrido sulfuroso es elevada o al aspirar un brandy ligeramente caliente.

Los compuestos volátiles olorosos presentes en el vino provienen de distintas familias químicas: alcoholes, aldehídos, cetonas, ácidos, ésteres, terpenos y otros componentes que constituirán el aroma y el bouquet del vino, entendiendo por bouquet los aromas evolucionados de la crianza, es decir, lo que luego se definirán como aromas terciarios.

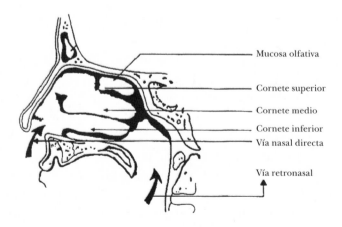

Mucosa olfativa

Cornete superior

Cornete medio

Cornete inferior
Vía nasal directa

Vía retronasal

La volatilidad de las sustancias aromáticas se va incrementando con su tamaño hasta llegar a diez átomos de carbono. Alcanzando este número, las sustancias son menos volátiles y odoríferas. Por lo expuesto, los alcoholes con moléculas grandes son los más aromáticos y las sustancias ligeras las menos. Por cromatografía de gases se han detectado más de quinientos componentes aromáticos, de los que menos de la mitad están identificados. Cuantificables hay unos sesenta. Aprecie el lector la complejidad de la cata.

Observe también que el olfato es, además, un sentido de alerta contra los peligros que nos rodean (olor a quemado, a alimentos descompuestos...), y también de placer (perfume, sexualidad, hambre-salivación).

Fase olfativa

LAS VÍAS OLFATIVAS Y LA
CLASIFICACIÓN DE LOS AROMAS

Para la cata olfativa se utilizan las dos vías nasales: la directa, aspirando con mayor o menor intensidad por los orificios de la nariz, y la retronasal (rinofaríngea) a través del conducto que comunica la boca con la pituitaria.

Los aromas suelen clasificarse en tres grupos: **primarios** son aquellos que proceden de la uva con que se ha elaborado el vino. El ejemplo más claro lo tenemos en los vinos jóvenes afrutados, varietales, y en los dulces pedro ximénez, moscatel, malvasía... Aroma primario es aquel que recuerda o huele a uva, a determinadas frutas, a aquellos matices que hacen pensar en determinadas flores e incluso en hortalizas, como la relación cabernet sauvignon-pimiento verde.

Los aromas secundarios son olores vinosos. Cuanto más perfecta haya sido la transformación del zumo de uva en vino, cuanto más correcta haya sido la fermentación, más limpios serán estos aromas que sólo deben aportar olor a vino sano. Si el proceso ha adolecido de cuidados se encontrarán en el nuevo vino olores sucios, poco agradables, defectuosos, que pueden proceder de los más diversos motivos: exceso de anhídrido sulfuroso, lías, raspón...

Los aromas primarios y secundarios se encuentran en vinos nuevos o de escasa crianza. Unidos, evolucionan durante el envejecimiento para constituir lo que denominamos bouquet o aromas terciarios. El fino y la manzanilla, resultado de someter el vino a crianza biológica; el amontillado, en su segunda fase y el oloroso por crianza oxidativa. Los blancos y tintos envejecidos en barrica, los tintos conservados durante largo tiempo en botella hasta adquirir el característico olor de reducción, a ausencia de oxígeno... todos ellos son claros ejemplos de esta evolución.

Volvemos, lector, atrás. Decíamos que las fases de la cata están marcadas por el tipo de vino. A un tinto, en general, a un néctar que ha dormido largo tiempo en la botella hay que catarlo primero con el olfato y luego someterlo al resto de los sentidos. Los aromas de reducción, tanto tiempo guardados, no pueden dejarse perder. Son aromas que desaparecerán rápidamente a medida que se mueva el catavino por lo que, en este caso concreto, el vino debe servirse y olerse de inmediato, paladeándolo, a continuación, para obtener el mayor partido posible por mediación de la vía retronasal. Ya habrá tiempo de apreciar su aspecto visualmente. Los olores pueden clasificarse según la relación siguiente:

ANIMAL

Olor a caza de algunos tintos viejos, a piel de venado, tonos almizclados que proporcionan algunas variedades de viníferas al evolucionar.

BALSÁMICO

Olor a pino, a resina, a trementina.

MADERA

Roble nuevo, tan corriente en muchos tintos, a madera de los más distintos tipos: castaño, acacia, cedro, madera vieja, envinada...

QUÍMICOS

Alcohol, acético, carbónico, anhídrido sulfuroso, sulfhídrico.

A ESPECIAS Y PLANTAS AROMÁTICAS

Anís, champiñón, setas, canela, clavo, nuez moscada, pimienta, menta, tomillo, albahaca, regaliz, cebolla, orégano, mejorana, vermú.

EMPIREUMÁTICOS

Tonos ahumados o que recuerdan el olor de humo, el olor a quemado, a duelas quemadas, carbonizadas con las que el vino ha estado en contacto; a pan tostado, a almendra quemada, a caramelo. No debe olvidarse que las duelas se calientan con fuego directo para poderlas doblar, para darle flexibilidad a la madera.

PROCEDENTES DE LA FERMENTACIÓN

Acetato de isoamilo, acetona, amílico, caramelo ácido, levadura, fermento, sidra, cerveza, ácido láctico, mantequilla, *choucroute*...

FLORALES

Flor de acacia, de almendro, de naranjo, de manzano, de melocotón, de viña, de geranio, de jazmín, de manzanilla, tilo, violeta, clavel, brezo, retama, malvavisco, magnolia...

FRUTALES

Pasa, moscatel, cereza, ciruela, pistacho, almendra y almendra amarga, bayas salvajes, arándano, grosella, fresa, frambuesa, albaricoque, mora, membrillo, melocotón, pera, manzana, melón, bergamota, pomelo, naranja, higo, higo seco, avellana, nuez, granadina, aceitunas verdes y negras, piña, plátano...

VEGETALES

Hierba, herboso, hiedra, heno, aroma de prados, hojas verdes, raspón del racimo, tabaco, té, laurel...

El vino, querido lector, es un verdadero microcosmos aromático. Difícil es identificar sus olores, aislarlos, definirlos uno tras otro, aunque sean los más importantes ya que, además, están combinados entre sí dando, la mayor o menor proporción de cada uno de ellos, tonos olfativos diferentes. Paciencia, mucha paciencia y práctica diaria necesita el catador, unido todo ello a una buena memoria olfativa, memoria que debe ejercitar constantemente, aprovechando cualquier motivo para tal fin.

Hay que pensar que los olores que se encuentran en el vino existen también, como ya hemos dicho, en multitud de frutos y de alimentos, en maderas de distinta procedencia, en el lápiz que tenemos sobre la mesa o en el jardín próximo, en el césped verde y recién regado. El olor que apreciamos al abrir una habitación de la planta baja de una casa, relativamente fresca y húmeda, que ha estado mucho tiempo cerrada, nos recordará el de un vino tinto, recién descorchado, que ha tenido una prolongada crianza en botella. Es el olor de reducción, a *cerrado*.

A modo de recordatorio, ofrecemos a continuación la correspondencia aproximada entre algunos compuestos aromáticos y determinados olores de los vinos.

Acetato de etilo	Vino picado
Acetato de isoamilo	Plátano
Ácido feniletílico	Miel
Acetoína	Almendra
Alcohol feniletílico	Rosa
Aldehído benzoico	Almendra amarga
Aldehído cinámico	Canela
Aldehído fenilpropiónico	Lilas
Benzaldehído cianidrina	Cereza
Diacetilo	Avellana, mantequilla
Geraniol	Rosa
Glicirrina	Regaliz
Hexadienol	Geranio
Hexenol, hexenal	Hierba
Undecalactona	Melocotón
Vanillal	Vainilla

De los aromas citados se encuentran en finos y manzani-llas acetato de etilo, acetoína y aldehído benzoico, olores, estos dos últimos, a almendra característicos de la crianza en flor. Acetato de isoamilo, olor a plátano, en algunos vinos jóvenes; geraniol en los elaborados con la variedad semillón y en algunos moscateles. Vanillal, vainilla y aldehído cinámico en tintos de crianza y en olorosos viejos. Diace-tilo, olor avellanado, en los amontillados. Hexenol en finos muy jóvenes cuyas criaderas se han rociado con mostos de segunda categoría. Ácido feniletílico en tintos elaborados con garnacha.

Todas las sustancias aromáticas que somos capaces de captar, y muchísimas más que pasarán desapercibidas, proceden de los tejidos de la uva, fundamentalmente de la piel del grano, o son resultado de la acción de microorga-nismos, unido todo a los fenómenos de la crianza y enveje-cimiento ya descritos.

EL VINO EN LA COPA

Servido ya el vino, hay que conseguir que se desprendan los olores para comenzar la fase olfativa. Sin agitación, con el vino en reposo, se perciben los aromas más volátiles. Colocando un catavino junto a otro pueden realizarse las primeras valoraciones, diferenciaciones y clasificaciones.

Una segunda parte se inicia al mover el vino dentro del catavino, mojando sus paredes, provocando un fuerte desprendimiento de todo tipo de aromas y olores. El movimiento rotatorio que se confiere con la mano consigue romper la superficie del líquido y que este suba e impregne sus paredes. Al formarse una capa muy fina se facilita la evaporación de las sustancias odoríferas y la percepción de estas por el olfato. La copa, que debe cogerse siempre por el tallo o por el pie, nunca por el cuerpo, estará inclinada y la nariz del catador muy próxima, en el mismo borde del cristal, casi penetrando en su interior para poder captar virtudes y defectos e intentar, aquí viene la parte más difícil, expresarlos luego.

Una tercera etapa —no parece necesario mover el vino con mayor fuerza, aunque algunos catadores tienen la costumbre de tapar la copa con la palma de la mano y agitarlo— una tercera y última fase puede ser, y es conveniente en vinos de crianza, oler la copa vacía después de

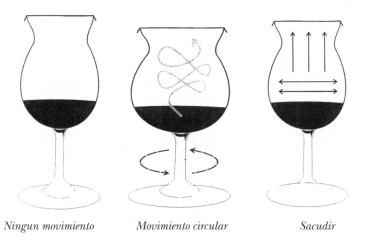

Ningun movimiento   *Movimiento circular*   *Sacudir*

unos minutos, incluso de unas horas. En vinos viejos de calidad se seguirán apreciando cualidades; en los que no lo son habrá sorpresas. Hay aromas, sobre todo aromas, que pasado un rato se despegan del vino, desaparecen. Mala señal, puede que se hayan añadido artificialmente.

LA FASE GUSTATIVA

Es la última fase de la cata y de la que, al nivel puramente gustativo, se obtendrán menos conclusiones. Sin embargo —ya se ha dicho que el sentido del olfato es diez mil veces más potente que el del gusto— tiene gran importancia en esta fase la percepción de aromas por vía retronasal. Para valorar esta percepción debe recordarse que cuando un constipado tapona los conductos olfativos solemos decir que lo que comemos o bebemos «no nos sabe».

La realidad es otra: el atasco de la hendidura olfativa impide apreciar el olor que los alimentos están desprendiendo al ser masticados y deglutidos, sobre todo en este último momento. Las moléculas odoríferas no pueden llegar a la mucosa olfativa, disolverse en el mucus que la recubre y actuar sobre los cilios olfativos que estimularán el bulbo correspondiente. En esta etapa es importante mantener siempre en la boca la misma cantidad de vino —entre seis y diez mililitros— y durante el mismo tiempo —desde dos a quince segundos— para que la apreciación comparativa entre varios vinos proporcione resultados correctos.

Entre una y otra muestra, los aromas retronasales y los sabores varían si los volúmenes degustados y el tiempo de permanencia en la boca son diferentes.

En la lengua están localizados los órganos receptores gustativos estimulables por las sustancias sápidas. Las demás zonas de la cavidad bucal son prácticamente insensibles al gusto y sólo recogen sensaciones táctiles y térmicas.

Sobre la superficie de la lengua, repartidas de forma irregular, situadas en la punta y los bordes y ausentes en la zona central, se encuentran las papilas, agrupadas en yemas. De los cuatro tipos de papilas —foliadas, caliciformes, fungiformes y filiformes— sólo las caliciformes de la parte posterior de la lengua y las fungiformes de la anterior son sensibles a los sabores específicos. Algunas de ellas pueden detectar tres de los cuatro sabores fundamentales —amargo, ácido, dulce y salado—, otras dos, y las restantes sólo uno de ellos. Las caliciformes pudiéramos decir que están especializadas en tonos amargos.

No se conoce con exactitud cómo funciona el mecanismo de percepción. El sabor dulce, que se localiza en la punta de la lengua, parece que se percibe por una proteína existente en las papilas gustativas, fungiformes en este caso, que reacciona con las sustancias azucaradas. Desde allí, unas fibras nerviosas transmiten al cerebro, donde se encuentra el centro receptor del gusto, la excitación recogida.

Al lector le será fácil apreciar la especialización gustativa de las papilas si deja pasar lentamente por la lengua un pequeño volumen de vino. Si es dulce, lo percibirá en la punta; las notas ácidas y saladas —pensemos en un fino— en

Fase gustativa

los bordes y debajo de la zona anterior; al fondo los sabores amargos. El centro de la lengua es insensible al gusto.

ORÍGENES DE LOS SABORES DEL VINO

— **Ácidos:** Tártrico y sus sales. Dan sensación de dureza.
— **Cítrico:** Frescura en boca.
— **Málico:** Verdor.
— **Acético:** Sabor ardiente.
— **Dulces:** Azúcares, glicerol, alcohol.
— **Salados:** Sales orgánicas y minerales.
— **Amargos:** Algunos alcoholes superiores y taninos. Astringencia.

No conviene olvidar que el alcohol puede engañarnos respecto al contenido en azúcares de un vino. Un oloroso seco, de graduación entre 18 y 20 por ciento, puede parecernos abocado, ligeramente dulce, sin en realidad serlo. En este caso, las papilas de la punta de la lengua nos confunden.

El tiempo de percepción de los sabores está en relación con su facilidad para disolverse, ya que para que una sustancia sea sápida debe ser soluble en la saliva. Puesto el vino en la boca, se observarán tres fases. En la primera, denominada de ataque, de dos a tres segundos de duración, predominan los sabores dulces. En la segunda, denominada evolución, con una duración de entre cinco y doce segundos, aparecen los tres sabores restantes: ácido, salado y amargo. En la impresión final predominan los tonos ácidos y amargos.

La persistencia gustativa es el tiempo que permanece en la boca el sabor del vino. En igualdad de condiciones, siempre será mayor la persistencia sápida de un vino viejo que de un vino joven. Es este un parámetro cualitativo, como lo es también la persistencia aromática o espacio de tiempo en el que percibimos el olor de un vino por vía retronasal. La medida empleada se llama caudalía —corresponde a un segundo de p.a.i., persistencia aromática intensa— y fue inventada por los franceses que la utilizaron por primera vez en el concurso internacional de Budapest, por cierto con resultados catastróficos para los caldos galos. Salieron tan mal de la confrontación, un modesto octavo puesto para Francia, que Emile Peynaud hablaba de la «humillación de Budapest». Un vino enormemente aromático por vía directa y por vía retronasal es el amontillado. Cuanto más viejo más segundos nos durará su inolvidable bouquet.

El vino está equilibrado en boca cuando la proporción entre los sabores ácidos, amargos, dulces y ácidos es adecuada. La sensación gustativa será placentera y podrá decirse que el vino está redondo, que es armonioso; si no hay euritmia la impresión bucal será, probablemente, desagradable: exceso de acidez, de amargor, de dulzor...

Como la fase visual y la fase olfativa, la gustativa tiene su técnica. El gran maestro Peynaud, autor de *El gusto del vino*, una de las mejores obras sobre cata que conocemos, recomienda: «El catador levanta e inclina la copa hacia los labios, ligeramente inclinada hacia atrás la cabeza, en el gesto de beber. Pero no deja colar el vino por gravedad, libremente como cuando se bebe; lo retiene y aspira dulcemente, boca abierta y labios hacia delante, el borde de la copa apoyado sobre el labio inferior. La punta de la lengua entra en contacto con el líquido. El vino se desliza sobre la lengua plana que lo mantiene en la ante boca. Los músculos de las mejillas y los labios saben admirablemente aprovechar la respiración para aumentar o disminuir la presión en la cavidad bucal, sin que el catador lo reflexione. Y todos los movimientos del vino, mientras lo degusta, son así provocados por una aspiración o una eliminación de aire sabiamente dosificado. Esta toma de vino se acompaña de una primera aspiración por la boca abierta de vapores olorosos que participan en las impresiones del ataque».

Un experto español, el profesor García de los Salmones, coetáneo de Marcilla, Feduchy y Alas, padres de la enología española, recomendaba —muchos años han pasado desde entonces— la siguiente técnica: «Sorber un poco de

vino, tenerlo entre la lengua y el paladar; después, exten-
derlo hacia los carrillos, dándole batidos con la lengua;
ahuecar los carrillos para que gane el líquido superficies de
contacto; levantar después de todo esto la cabeza, gargari-
zar ligeramente para reforzar los gustos, e imitar una ligera
deglución. Hecho todo esto rápidamente, para no debilitar
el sentido puesto en juego».

Tanto un sistema como otro, con todos los respetos,
parecen al autor algo complejos para que los ponga en
práctica el catador aficionado. No creemos preciso más que
dejar pasar, lentamente, una pequeña cantidad de vino por
la boca, que luego deberemos expulsar, para apreciar sus
aromas por vía rinofaríngea, y sus sabores.

LAS SENSACIONES TÁCTILES

Junto con los sabores definidos y su equilibrio, en boca se
aprecian diversas sensaciones producidas por componentes
del vino:

— **Astringencia**: la lubricidad en boca desaparece cuando
   se combinan los taninos con proteínas de la saliva. Es la
   causa de la percepción de la astringencia. En los vinos
   jóvenes las moléculas tánicas tienen el tamaño óptimo
   para acentuar la astringencia. A medida que envejecen y
   se polimerizan, modifican su tamaño y la astringencia va
   desapareciendo.
— **Calor y frescura**: es una de las primeras sensaciones
   que percibe el catador. El componente responsable es el
   alcohol y el estímulo transmitido está en función de la
   acidez. Si prevalece el alcohol sobre los ácidos orgánicos la sensación será de calor. Caso contrario, será de
   frescor.
— **Picante:** la origina el gas carbónico. Además de en los
   vinos espumosos, puede encontrase en los vinos jóvenes:
   blancos, rosados y tintos.

— **Rugosidad**: esta sensación desagradable se percibe en la parte central de la lengua y procede, en la mayoría de los casos, de la oxidación de los taninos. Es un síntoma de mala conservación de los vinos tintos.

— **La temperatura:** las sensaciones térmicas pueden tener un origen químico —el mentol, por ejemplo, provoca cierto frescor en boca—; o físicas, por la temperatura del vino. Hay que considerar que la sensibilidad de los órganos sensoriales aumenta, hasta cierto grado, con la temperatura.

ORDEN Y TEMPERATURA DE CATA

Los vinos, antes de catarlos, conviene clasificarlos por tipos y ordenarlos de menor a mayor, de joven a viejo, de seco a dulce —los espumosos al principio o al final, mejor al principio si son tipo brut— y ponerlos a un grado térmico adecuado.

Es importante conocer la temperatura del catavino antes de fijar la del vino. Si el cristal está a 28°, el vino servido a 8° ganará 3° en, aproximadamente, un minuto. Este aumento térmico debe ser tenido en cuenta y para obviarlo, al menos en parte, debemos recordar con qué facilidad pueden enfriarse las copas.

Cuando se realiza una cata comparativa es fundamental, nunca debe olvidarse, que los vinos tengan la misma temperatura, que las copas sean iguales y que en cada una de ellas se sirva la misma cantidad, el mismo volumen. Caso contrario las diferencias entre unos y otros vinos serán importantes, independientemente de su calidad.

Proponemos, a continuación, una relación indicativa de temperaturas de cata por tipo de vino o, lo que viene a ser lo mismo, sugerimos al lector la temperatura ideal para beber cada vino:

Blancos: entre 6 y 9° / **Rosados:** entre 10 y 11° / **Tintos:** entre 12 y 18°

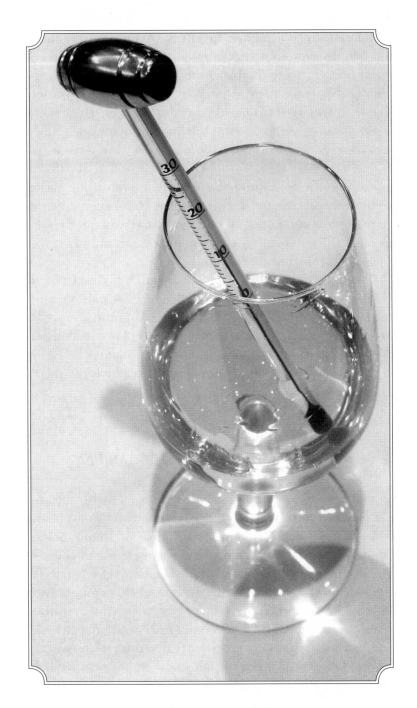

Es necesario controlar la temperatura

Aclaremos el porqué de estas cifras. Quien alguna vez haya tomado un tinto muy frío habrá apreciado que la aspereza en la boca es considerablemente superior a la del mismo vino bebido a temperatura más alta. Esa misma sensación puede apreciarse en blancos secos puestos en el catavino a 4 ó 5°. El lector debe estar adivinando que el origen de esta aspereza radica en el color, taninos y antocianos, en la materia colorante del vino, cuya escabrosidad al paladar guarda una relación inversa con la temperatura. A mayor color y menor temperatura más dureza. Consecuentemente, ¿hasta qué punto podemos enfriar? Justo hasta que la boca nos indique que hemos llegado al límite que, más o menos, suele rondar las cifras arriba indicadas.

Dentro de estas pautas cabe hacer matizaciones. Un vino blanco más o menos abocado puede enfriarse más que uno seco ya que el dulzor matiza la aspereza. Un tinto joven, con mucho cuerpo, debe catarse alrededor de los 16° centígrados. La lenta polimerización de los componentes del color en el transcurso del tiempo nos permitirá reducir un par de grados la temperatura.

¿QUÉ ENTENDEMOS POR *CHAMBRER*?

Va siendo hora de que esta palabra francesa, mal empleada por muchos, tenga una correcta traducción. Su acepción enológica es ambientar, pero lo que jamás podremos entender es que haya aficionados al vino que pretendan beber un buen tinto a 25 ó 30° por el simple hecho de que la habitación en la que va a consumirse esté a esa temperatura. El vocablo *chambrer* sugiere que se sitúe el vino a su nivel térmico ideal que, probablemente, sea el de la bodega en la que ha envejecido. Esta regla es totalmente válida para, al menos, generosos, tintos y espumosos. Nunca nos obligará el concepto *chambrer* a que tomemos una copa de fino, en una taberna cordobesa sin climatizar, a la temperatura ambiente del mes de agosto, hecho relativamente corriente. Algunos taberneros incluso lo recomiendan.

Otra cosa es poner el vino en su punto. No es perjudicial enfriar en nevera, incluso de forma brusca. Sí es recomendable que la botella esté tumbada. También puede utilizarse un cubo con hielo, aunque peligrará la etiqueta y el vino más próximo al tapón se enfriará menos que el de abajo. Lo dicho es válido para todo tipo de vinos, incluyendo los tintos. Podemos afirmar que no hay pérdida cualitativa y que su degustación será más grata.

También puede ocurrir lo contrario. Si no hay tiempo, la mejor forma de calentar una botella es sumergirla en agua cuyo grado térmico se aproxime al deseado, pensemos en 18°. No es recomendable ponerla junto a una estufa o en agua muy caliente. Aunque alguien piense lo contrario, rapidísimo e inocuo para el vino es utilizar un horno de microondas. En veinticinco segundos habremos pasado de 10° a 18°. Insistimos en que debe tenerse siempre en cuenta la temperatura del cristal del catavino que será casi igual que el de la habitación en la que nos encontramos.

Por último, la botella debe atemperarse cerrada, nunca abierta, incluso en el caso de tener que decantar aunque, en este sentido, los vinos actuales no tienen, afortunadamente, los problemas de sus abuelos.

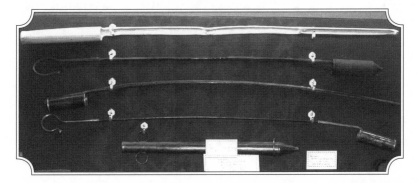

Colección de venencias

LA DECANTACIÓN

No suele ser frecuente encontrar botellas con posos formados por materia colorante o por sales ácidas, por bitartratos precipitados, salvo en oportos y en algunos tintos con más de dos décadas. Cuando esto ocurre conviene separar los sólidos del vino y para ello nada mejor que tener la botella de pie, al menos durante un día, a la temperatura de consumo y luego, con el mayor cuidado e inmediatamente antes de beberlo, pasarlo delicadamente a otro recipiente observando el vino que trasegamos con una luz para que los posos queden en el primitivo envase.

Como norma general, nada se gana aireando el vino durante horas antes de consumirlo. Es más, esta costumbre afectará a la calidad, haciendo desaparecer gratos aromas e incluso incidirá en el sabor, mermando sus cualidades. Hay que abrir, catar y consumir. El prolongado contacto con el aire sólo beneficiará a vinos defectuosos.

CUIDADOS Y SERVICIO DEL VINO

El calor, la luz y las vibraciones son enemigos del vino. Su lugar ideal de almacenaje es la bodega y en casa debemos reservarle el lugar más tranquilo, oscuro, fresco y ventilado. La temperatura y la humedad ambientes deben ser, en lo posible, constante y no superar los 20°. Las botellas, como las personas, deben reposar tumbadas. En ningún momento conviene agitarlas. Deben llevarse a la mesa con cuidado y descorcharlas sin brusquedades. Un buen sacacorchos es el que extrae el tapón entero, sin roturas. Las partículas de corcho sobrenadando en el vino indican defectos, no virtudes.

No hemos hablado del paso previo, del descapsulado. Pueden ocurrir varios fenómenos después del embotellado. El más normal, pero nunca conveniente, es que se desarrollen algunos hongos aprovechando la humedad del lugar.

También es frecuente que el vino rezume y que, por su acidez, forme componentes que puedan afectar a su sabor. Más rara es la presencia de xilófagos que construyen galerías en el corcho. La forma de evitar contaminaciones es cortar la cápsula por debajo del anillo de la botella y limpiar bien con un paño recién lavado y seco. Así, se evitarán ingratas intromisiones. Si al quitar la cápsula el tapón aparece mojado, húmedo, lo más probable es que el vino no esté en sus mejores condiciones. Conviene observar también el nivel del vino en la botella. Si el vacío es excesivo, el vino habrá perdido la mayoría de sus características, quizá hasta esté acetificado. Este examen es muy importante en los espumosos que pueden perder gas carbónico con el paso de los años, reduciéndose considerablemente el volumen de vino.

Ya se ha hablado de la decantación. Si se detectan partículas muy pequeñas puede ser suficiente la cestilla para separar los posos del vino. La botella así ofrecida debe abrirse, con delicadeza suma, en su lecho de mimbre o de metal, para que los depósitos no se muevan y cuidando de que estos no vayan a parar a las últimas copas servidas.

Botella abierta, botella muerta. Nada más cierto. Aunque se conserve en nevera el vino pierde calidad, hecho fácilmente apreciable en blancos y tintos. Si su consumo se dilata unos días, la botella debe taparse colocando el tapón tal como estaba antes de extraerlo y no al revés.

«CATAR ES LEER EN EL VINO DELETREANDO LAS SÍLABAS»

Así definía nuestro añorado Víctor Fuentes, notario mayor que fue de los vinos de España, esta ciencia. La cata es «el encuentro de lo humano y el vino», decía otro conocido autor. Para terminar, el catador nace y se hace. El aficionado debe aprovechar cuantas oportunidades tenga para ejercitarse y tratar de fijar en la memoria el nombre de cada aroma, de cada olor, de cada uno de los colores del vino, amplísimo arco iris, y de cada sabor. Se desconoce lo que no se ha probado. Un viaje, un cambio de residencia, el amigo que visita otros países y puede traernos una botella...

Hablar de memoria de un Mosela o de un Tokay no nos sirve de nada, citar de corrido el nombre de todas las variedades de viníferas utilizadas en Jerez, en La Rioja, en Rías Baíxas o en Rueda sin haber catado un buen fino o un monovarietal de tempranillo y luego una sabia mezcla de esta uva con garnacha y mazuela, si no ha pasado por nuestros sentidos un buen albariño gallego o un buen verdejo castellano, no sabremos más que teorizar.

Hay que abrir y catar también el vino de las botellas que presumiblemente vamos a encontrar en malas condiciones: remontado, reducido, acetificado, turbio, quebrado... es esta una buena forma de conocer los defectos, de aprenderlos y memorizarlos, para luego valorar ese buen vino que nos ponen por delante. Paciencia, atención y mucha práctica. Una vez dentro, el mundo de la cata es apasionante. Tener en casa una colección de botellas para consumirlas, no para guardarlas año tras año, es tener textos a mano.

La cata es un arte y una ciencia. Concentra los sentidos y relaja nuestras preocupaciones y problemas. Resolver con unos amigos el pequeño enigma de un olor extraño, o averiguar la procedencia del néctar que tenemos en nuestro catavino nos colmará de satisfacción y, al mismo tiempo, habremos pasado un rato agradable, muy agradable. Lejos la carga cotidiana, las diarias tensiones.

Vale la pena introducirse en ese mundo de colores, olores y sabores. Es un mundo noble, sin dobleces. Diga como Gustav Mahler, el gran compositor y director de orquesta austriaco: «Un vaso de vino, en el momento oportuno, vale más que todas las riquezas de la tierra».

1.- Presentar la botella antes de abrirla. Si ha sido enfriada, secarla con una servilleta.

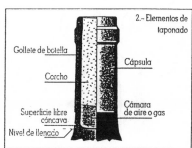

2.- Elementos de taponado

Gollete de botella

Cápsula

Corcho

Superficie libre cóncava

Cámara de aire o gas

Nivel de llenado

3.- Cortar la cápsula por debajo del gollete para evitar su contacto con el vino.

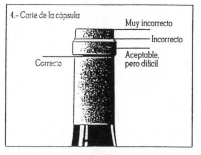

4.- Corte de la cápsula

Muy incorrecto

Incorrecto

Aceptable, pero difícil

Correcto

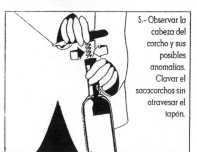

5.- Observar la cabeza del corcho y sus posibles anomalías. Clavar el sacacorchos sin atravesar el tapón.

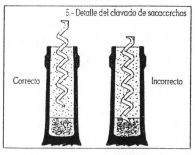

6.- Detalle del clavado de sacacorchos

Correcto

Incorrecto

7.- Extraer el corcho de forma progresiva. Realizar la operación sin mover la botella.

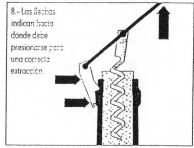

8.- Las flechas indican hacia dónde debe presionarse para una correcta extracción.

9.- Una vez elevado, retirar el corcho suavemente con la mano.

10.- Limpiar cuidadosamente el gollete con la servilleta.

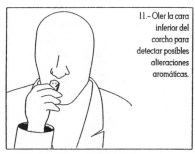

11.- Oler la cara inferior del corcho para detectar posibles alteraciones aromáticas.

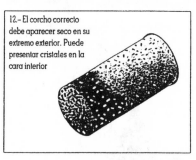

12.- El corcho correcto debe aparecer seco en su extremo exterior. Puede presentar cristales en la cara interior

13.- Escanciar brevemente para arrastrar impurezas y, en caso necesario, catar.

14.- Si el vino es correcto, llenar las copas hasta un máximo de ⅔ de su capacidad.

15.- Las gotas pueden recogerse con la parte cilíndrica del tapón.

16.- Se puede presentar el tapón junto a la botella, haciendo un anillo con la parte superior de la cápsula.

APÉNDICE

LA VITIVINICULTURA
EN AMÉRICA

La importancia que ha alcanzado la Vitivinicultura en América bien merece que se le dedique un capítulo en este libro. Hace pocos años era impensable que en las estanterías de las mejores enotecas europeas, en las que han alcanzado lugares de honor por su calidad, se encontraran botellas de vinos procedentes de países elaboradores del Nuevo Continente.

La intención de este texto no permite recoger la magnitud enológica americana, sí narrar parte de su historia e informar, brevemente, del desarrollo, en el tiempo, del cultivo de la vid y de la producción de vinos en estas naciones productoras.

Salvo que alguna vez se demuestre lo contrario, cosa que dudo, la llegada de la Vitivinicultura al Nuevo Continente es responsabilidad española. Los primeros barriles, llenos de vinos onubenses y canarios, acompañaron a la expedición pionera. Luego, las necesidades del culto, junto con la demanda de la tropa y de la población civil, motivaron que se plantaran cepas hispanas en los alrededores de las ciudades y en las misiones que, especialmente los Jesuitas, iban fundando a lo largo y ancho de las Indias Occidentales.

MÉJICO Y CALIFORNIA

Afirman los historiadores que Juan de Grijalva fue el primer europeo que bebió vino acompañado de varios aztecas. El navegante español, siguiendo los pasos de Francisco Hernández de Córdoba —quien en 1517 había explorado parte de la costa de Yucatán—, encabezó una expedición ordenada por Diego Velázquez, gobernador de Cuba. En enero de 1518 zarpó Grijalva de la ciudad de Santiago de Cuba y recorrió la costa de la isla de Cozumel y una parte del litoral de la península yucateca hasta llegar a «las playas de la actual San Juan de Ulúa, a la que llamó Santa María de las Nieves, primer nombre español en México». Antes, en el río Banderas, recibió a los emisarios de Moctezuma Xocoyotzin, noveno señor mexica. Algunas referencias bibliográficas mencionan que el veinticuatro de junio de 1517 se bebió vino por primera vez en México, en una comida ofrecida por Juan de Grijalva a cinco enviados del monarca azteca.

En América, y sobre todo en las tierras llamadas la Nueva España, los colonizadores encontraron uvas silvestres, diferentes de la *Vitis vinífera* europea, la especie apropiada para producir vinos de grato sabor. En las Indias Occidentales había especies diferentes del género *Vitis*, como la *Vitis rupestris*, *Vitis lambrusca*, *Vitis berlandieri*, con las cuales se elaboraban vinos en los primeros tiempos del periodo colonial, ásperos y muy poco gratos al paladar.

Corresponde a Hernán Cortés el mérito de haber sido el promotor del cultivo de la *Vitis vinífera* en México, el primer sitio del continente americano donde comenzó a ser cultivada regularmente la vid. El veinte de marzo de 1524 —otros dicen que el veiticuatro de marzo del mismo año— firmó las Ordenanzas de buen gobierno dadas por Hernán Cortés para los vecinos y moradores de la Nueva España. Luis Hidalgo, enólogo español, afirma que estas Ordenanzas se hallan en el Archivo del Duque de Terranova y Monteleone, en el Hospital de Jesús, de la ciudad de México. En el decreto signado por Cortés queda asentado que «cualquier vecino que tuviese indios de repartimiento sea obligado a poner en ellos en cada año, con cada cien indios de los que tuviera de repartimiento, mil sarmientos, aunque sean de la planta de su tierra, escogiendo la mejor que pudiera hallar. Entiéndase que los ponga y los tenga bien pesos y bien curados, en manera que puedan fructificar, los cuales dichos sarmientos pueda poner en la parte que a él le pareciere, no perjudicando tercero, y que los ponga en cada año, como dicho es, en los tiempos en que convienen plantarse, hasta que llegue a dicha cantidad con cada cien indios cinco mil cepas; so pena que por el primer año que no las pusiere y cultivase, pague medio marco de oro. Ítem que habiendo en la tierra plantas de vides de las de España en cantidad que se pueda hacer, sean obligados a engerir las cepas que tuvieren de las plantas de la tierra» (sic).

Ya se ha comentado con qué intuición Hernán Cortés, buen agricultor extremeño, resolvió el problema de la filoxera que ya debía existir en los terrenos donde se plantaron las primeras cepas: «que habiendo en la tierra plantas de vides de las de España en cantidad que se pueda hacer, sean obligados a engerir las cepas que tuvieren de las plantas de la tierra».

Piense, lector, en lo que supone este último párrafo. Hernán Cortés se adelanta trescientos cincuenta años al método que adoptaron los países europeos para combatir el ataque de la filoxera. En dos palabras, injertar con viníferas las vides americanas. La Berlandieri, la Rupestri, la Riparia… con otra finalidad pero con el mismo resultado porque la filoxera estaba allí, en aquellos pagos.

Aunque a las tierras mejicanas les cabe el honor de haber sido las primeras que produjeron uvas europeas, hay que significar que, a la larga, esta medida no supuso una expansión vitícola comparable a la de otros países del norte y del sur del continente. Como arriba textualmente se cita, Hernán Cortés, a la sazón gobernador de Nueva España, dispuso que cada colono plantara mil cepas para atender a las necesidades de una población cada vez más numerosa. Si bien se carece de información fidedigna respecto de los lugares donde fueron sembrados los primeros viñedos en la Nueva España, se conoce que, a partir del decreto firmado por Cortés el veinte de marzo de 1524, el cultivo de la vid se propagó a Puebla, Michoacán, Guanajuato, Querétaro y Oaxaca. Más tarde fue llevado a tierras septentrionales de las provincias de Nueva Galicia, Nueva Vizcaya, Nueva Extremadura y Baja California.

Como ya se ha dicho, la labor de los misioneros fue decisiva para la propagación de la Vitivinicultura. Un ejemplo mejicano es la Misión de Santa María de las Parras, en tierras de la Nueva Extremadura. Fue fundada, en 1568, por fray Pedro de Escobedo, que tuvo que abandonarla por los continuos ataques que recibía de los aborígenes. Lorenzo García llegó a este lugar a finales de 1592 y logró establecerse en lo que actualmente es la Hacienda de San Lorenzo. Una vez que el rey de España le concedió la merced mediante la cual entraba en posesión de las tierras solicitadas, el diecinueve de agosto de 1597 fundó las bodegas de San Lorenzo, las más antiguas del continente americano, que hoy llevan el nombre de Casa Madero.

Refiriéndose a la labor de los misioneros, afirma Clavijero que «las misiones no lo vendían, sino que lo usaban en las misas, la mesa y los enfermos y el sobrante se daba a los bienhechores o se cambiaba por provisiones».

La vid viajó hacia el sur y hacia el noroeste. La necesidad de contar con vino debió aumentar de tal forma que, en 1522, la casa de Contratación de Sevilla dictó una ordenanza que obligaba a todos los barcos que zarpasen hacia el nuevo mundo a llevar cepas, ordenanza que fue ampliada por Carlos V, en 1531, con la inclusión de olivos. En los primeros años la plantación fue anárquica. Se utilizaron sarmientos, pepitas y cepas llevadas en macetas. Los resultados no fueron siempre halagüeños; piense el lector en las dificultades medioambientales que debían superar las vides españolas hasta aclimatarse al cambio que supone pasar no ya de un continente a otro, sino de uno a otro hemisferio y, en los primeros casos, del clima mediterráneo al tropical.

En California, los primeros sarmientos se plantaron en el año 1532, pero, por distintos problemas, no se consolidó el cultivo hasta que los Jesuitas, en 1679, fundaron la misión de Loreto. A partir de esa fecha puede afirmarse que comenzó el desarrollo ordenado del cultivo de la vid y de la elaboración de vino en dicha región. A primeros años del siglo XVIII, Fray Juan de Ugarte plantó vides en la Misión de San Javier y, desde allí, la Compañía de Jesús llevó la Viticultura a regiones más septentrionales, en las que fundaron ocho misiones.

Sin duda, la expulsión de la Compañía, en 1767, sólo trajo perjuicios para los habitantes de los pueblos en los que habían establecido centros de enseñanza y formación. Faltos de educadores y mal administradas por el Estado que las expropió, la mayor parte de las misiones fueron a parar a manos de particulares que las explotaron con otras miras.

En California, los Franciscanos se hicieron cargo de buena parte de las misiones. De la del Loreto salió fray Junípero Serra, en 1769, rumbo a la Alta California. El primero de julio de ese año fundó la Misión de San Diego de Alcalá, en torno a la cual fue creciendo una población hoy conocida con el nombre de San Diego. Desde allí hasta San Francisco fundó nueve misiones y, en todas ellas, la vid tuvo especial protagonismo. Por eso, fray Junípero, originario de Mallorca, es considerado el fundador de la vitivinicultura estadounidense.

Los franciscanos introdujeron, también, el cultivo de la vid en Nuevo Méjico (1609), entonces dependiente del virreinato de Nueva España. Y como el vino nos gusta a todos, citamos a Lord Delaware que hizo lo mismo en la colonia inglesa de Virginia, trayendo vides alemanas y francesas y a viticultores de ambos países para que las cuidaran.

Actualmente, México produce unos ciento cuarenta millones de litros de vino al año, de los cuales el 90% se producen en Baja California. En la última década, el desarrollo de la vitivinicultura se ha incrementado rápidamente, llegando a ser una de las principales industrias agrícolas del Estado. En Baja California se elaboran algunos de los mejores vinos de México que gozan hoy de reconocido prestigio tal como avalan los galardones obtenidos e concursos internacionales.

Las variedades más cultivadas son:

BLANCAS

Palomino, Chenin Blanc, French Colombard, Riesling, Thompson, Moscatel, Sauvignon Blanc.

TINTAS

Cariñena, Cabernet Sauvignon, Barberá, Ruby Cabernet, Valdepeñas, Merlot, Garnacha, Zifandel, Petit Sirah, La Misión.

PERÚ

En la tercera década del siglo XVI, entre 1535 y 1540, se inició la viticultura en Perú. Las cepas primigenias se plantaron en el Cuzco, en el valle de La Convención, a una altura insospechada. Aunque cueste trabajo creerlo, las uvas de las cosechas iniciales se vendieron para consumo directo siguiendo, quizá, la normativa dictada por Moisés que recoge la Biblia. Según el Inca Garcilaso, que tanto sabía de los vinos de Córdoba, el primer caldo cuzqueño se elaboró en la hacienda Marcahuasi, propiedad de Pedro López de Cazalla, secretario de Francisco Pizarro. Como no existía ningún lagar de fábrica, la uva fue pisada en una artesa y el mosto fermentado en un recipiente de barro. Lo que impulsó a Pedro López a elaborar vino fue: «la honra y fama de haber sido el primero que en el Cuzco hubiese hecho vino».

Corría el año 1553 cuando Francisco de Caravantes (hoy se elabora en Tacna un pisco de gran calidad con ese nombre) trajo al Perú cepas procedentes de las Islas Canarias que, inicialmente, se plantaron en los alrededores de Lima. Desde allí el cultivo se propagó por todo el territorio peruano: hacia el sur por Ayacucho, Arequipa, Moquegua y Tacna aunque, sin lugar a dudas, fue en Ica donde se lograron los mejores resultados gracias a las condiciones climáticas y edafológicas de la zona. Hacia el este, por la ruta hacia Huancayo —hoy llamada carretera central— por el distrito de Ate-Vitarte y otras poblaciones próximas, Santa Clara entre otras. Las misiones dirigidas por jesuitas colaboraron no sólo en la propagación de la vid por todo el país, también en el buen cultivo y en la introducción de normas enológicas allí desconocidas que propiciaron la elaboración de vinos de calidad. Y, también hay que decirlo, en la elaboración del aguardiente de vino peruano, en la elaboración del pisco.

El cultivo de la vid siguió extendiéndose en los años siguientes plantándose nuevas variedades traídas desde España. Quizá sea exagerada la producción que cita un autor de la época, diez millones de kilos de uva y mayor cantidad aún en Chile.

En 1620, contadores del Virreinato del Perú aforaban una cosecha de vino de 300.000 botijas. Se comentaba «Las viñas son mejores que las de España, una parra de este Valle de Pisco, da más uvas que seis de las de España, porque son más altas y grandes, pero también cuenta el buen clima y terreno, ésta es una tierra de promisión en todo». Era la producción más importante al sur de Lima. Buena parte de ella se dedicaba a la elaboración de aguardiente. Esclavos negros se ocupaban de las tareas agrícolas.

La historia se repite. En este caso no se ordenó el arranque de parte del viñedo tal como lo dispuso el emperador Domiciano pero, en 1654, sí se prohibió que se siguieran plantando cepas en todas las colonias para defender los intereses comerciales de los viticultores de la metrópoli.

La importancia vitivinícola peruana fue declinando por diversos motivos, entre los que se deben destacar algunos terremotos, epidemias de peste, el declive de la minería de Potosí, la expulsión de los Jesuitas (1767) y la sustitución del pisco por aguardiente de caña. A partir de mediados del XIX, por la importancia que iba adquiriendo el cultivo del algodón, el «oro blanco» y por las guerras. Según Lacoste, «la Guerra del Pacífico resultó letal para la viticultura peruana. Así por ejemplo Moquegua fue invadida cuatro veces entre 1870 y 1883 y los chilenos fueron culpados de generalizadamente robar, saquear y destruir propiedades, capitales y recursos de la industria vitivinícola». Para agravar aún más la situación, los viñedos peruanos sufrieron una plaga de filoxera para esa misma época, lo cual terminó por llevar a la ruina a la industria vitivinícola peruana a fines del siglo XIX».

Por estas fechas, se introducen variedades francesas: Cabernet Sauvignon, Merlot, Pinot Noir, Semillon Blanc…, en sustitución de las antiguas cepas españolas. Poco antes, había sido abolida la esclavitud, la mano de obra barata.

La Compañía de Jesús llegó a ser el primer productor peruano de vino y pisco. Contaba con ciento noventa haciendas, entre ellas algunas tan importantes como la de Ocucaje que pasó a manos del Estado cuando gobernaba el Perú Manuel de Amat y Junyent, Virrey enamoradizo y enérgico a quien se le atribuyen románticas historias con la bella Perricholi.

Actualmente, la vid ocupa en Perú una superficie que ronda las doce mil hectáreas, que producen alrededor de ciento catorce mil toneladas de uva con un rendimiento por hectárea de más de nueve mil kilos.

Parte del vino se destina a la elaboración de pisco que alcanza un volumen de un millón trescientos mil litros.

País	Hectolitros	%
Argentina	3.171.000	39,51
Chile	2.700.000	33,64
EEUU	1.600.000	19,93
Brasil	320.000	3,98
Perú	98.000	1,22
Uruguay	92.000	1,14
Bolivia	26.000	0,32
México	18.000	0,22
Total	8.025.000	100

CHILE

Mientras, Chile había ido situándose en cabeza de la producción de uva y de la elaboración de vino. La viña se expandía a medida que se fundaban nuevas ciudades: La Serena, Mendoza, San Juan, Santiago y Concepción constituyeron el foco inicial del futuro potencial vitivinícola chileno.

A finales del XVI, según Claudio Gay, la producción chilena rondaba las 100.000 arrobas anuales. El ritmo de nuevas plantaciones debía ser frenético. En los primeros años del XVII sólo Santiago producía 14 millones de litros de vino. El Reino de Chile alcanzaba la segunda posición, tras Perú, en el potencial vitivinícola de América del Sur. Los lagares se construían con diversos materiales, madera, ladrillo, teja, cuero... en función de la disponibilidad más próxima. Los depósitos de fermentación y almacenamiento solían ser de barro.

Chile pasó de importar a exportar vinos a Perú. Al comienzo, los caldos se mareaban hasta tal extremo que tardaban meses en recuperar sus características primigenias: «El vino que de Chile se saca, aunque sea añejo, y lo hay muy bueno, da vuelta y se pone turbio y de tal sabor que no se puede beber. Y de esta manera persevera más de seis meses; después vuelve a su natural». Los enólogos de la época debieron estrujarse la cabeza para evitar lo que, visto de hoy, parece una quiebra oxidásica y, probablemente, proteica.

El caso es que lo resolvieron y que la expansión vitícola continuó hasta llegar a superar los veinte millones de cepas a comienzos del XIX.

Como afirma Pablo Lacoste, «La vitivinicultura tradicional en Chile se extendió a lo largo de trescientos años, desde mediados del siglo XVI hasta mediados del XIX. Al culminar este proceso se habían consolidado siete sub-polos productivos principales. De acuerdo a Claudio Gay, estos eran los siguientes: Concepción era el principal centro vitivinícola, con quince mil quinientas hectáreas, es decir, más del 50% del total; le seguía el Valle del Aconcagua con cinco mil; Cauquenes tenía cuatro mil quinientas; Santiago otras dos mil; por su parte Coquimbo cultivaba mil seiscientas hectáreas; Colchagua mil doscientas cuarenta y Talca setecientas hectáreas. En total al Valle Central tenía en producción treinta mil hectáreas de viñas. Con numerosas viñas y bodegas, Chile se consolidaba como el principal polo vitivinícola de América Latina».

Sin duda, el elevado consumo local propició este desarrollo considerando que la Corona prohibió (1774) la exportación de vinos y de aguardientes de Perú y Chile al resto de sus colonias para proteger los vinos elaborados en la Península.

La filoxera, que tanto daño causó en Europa y en algunos países americanos, no afectó a Chile gracias a su aislamiento geográfico. Actualmente, es una de las pocas naciones del mundo en la que se puede plantar la vid directamente, sin necesidad de recurrir al uso de patrones.

Este hecho facilitó la exportación al Viejo Continente que comenzó en 1877 con destino a puertos franceses. Previamente, los vinos chilenos habían participado con éxito en diferentes concursos y fueron premiados en los organizados con motivo de las exposiciones de Burdeos (1882), Liverpool (1885) y París (1889).

Viñedos	Cepa	Hectáreas de viña	Productividad p/ha	Productividad total
De regadío	Francesa	31.450 37%	50 Hl.	1.572.500 Hl.
De rulo	País	53.550 63%	30 Hl.	1.606.500 Hl.
Total		85.000 100%		3.179.000 Hl.

Fuente: elaboración de Pablo Lacoste a partir de: Pavlovsky, Arón. Apuntes Económicos sobre Chile. En: BCVN, n° 50, noviembre de 1909, pp. 1.304-1.307 y n° 53, enero de 1910, pp. 1.367-1.370.

En 1900, las vides ya cubrían cuarenta mil hectáreas del territorio chileno, multiplicándose hasta alcanzar las ciento ocho mil hectáreas en 1938.

En el siglo XX la vitivinicultura chilena atravesó numerosas dificultades. Una restrictiva Ley de Alcoholes prohibió la plantación de nuevos viñedos y los trasplantes de viñas. Mientras, la Segunda Guerra Mundial cerraba la puerta a las importaciones, incluyendo las de maquinaria vitícola.

La ley que restringía los viñedos fue derogada en 1974. A partir de 1980 la liberalización normativa y la apertura económica del país propiciaron una fuerte expansión. El sector vitivinícola actualizó la maquinaria, mejoró la tecnología de riego y plantación, incorporó depósitos de acero inoxidable y barricas de roble francés; incluso se mejoró la calidad de las botellas. En los años noventa, los vinos chilenos consolidaron definitivamente su presencia en el mercado internacional con excelentes resultados gracias a un prestigio ganado a pulso. Las exportaciones a Europa, Estados Unidos y principalmente Asia han superado en el 2006 la barrera de los novecientos millones de dólares. Actualmente los vinos chilenos se exportan a más de cien países de cinco continentes.

En 2004, el viñedo chileno alcanza a un total de ciento setenta y cinco mil trescientas sesenta y cinco hectáreas, superficie que está distribuida en vides destinadas a vinificación con ciento doce mil cincuenta y seis hectáreas; vides para consumo fresco con cincuenta y tres mil cuatrocientas veintiséis hectáreas y vides para pisco con nueve mil ochocientas ochenta y tres hectáreas, localizadas entre las regiones de Atacama y de Los Lagos. Las mayores plantaciones se concentran en la Región del Maule, seguida por la Región del Libertador Bernardo O'higgins y la Región Metropolitana (cuadro 1).

CATASTRO VITÍCOLA NACIONAL. HA. DICIEMBRE 2004

Regiones	Vides de cons.fresco	Vides pisqueras '	Vides de vinificación	TOTAL
ATACAMA	8.139	601		8.710
COQUIMBO	10.233	9.282	2.192	21.707
VALPARAÍSO	12.172		5.169	17.341
LIB.B.O´HIGGINS	10.419		31.816	42.235
DEL MAULE	684		48.273	48.957
DEL BIO BIO	/		13.900	13.915
ARAUCANIA			13	13
DE LOS LAGOS			5	5
METROPOLITANA	11.772		10.680	22.452
TOTAL NACIONAL	53.426	9.883	112.056	175.365

Fuente: SERVICIO AGRÍCOLA Y GANADERO
División Protección Agrícola. Viñas y Vinos

De la superficie total destinada a vinificación, el 76.3% corresponde a variedades tintas y el 23.7% a variedades blancas, representados mayoritariamente por las variedades Cabernet Sauvignon con cuarenta mil ochenta y seis hectáreas y Sauvignon Blanc con siete mil setecientas cuarenta y una hectáreas, respectivamente (cuadro 2).

REGIONES	VIDES DE VINIFICACIÓN		TOTAL
	Blancas	Tintas	
COQUIMBO	242,0	1.950,0	2.192,0
VALPARAÍSO	2.953,0	2.216,0	5.169,0
LIB.DBO O´HIGGINS	3.519,0	28.297,0	31.816,0
DEL MAULE	11.209,0	37.064,0	48.273,0
DEL BIO BIO	6.938,0	6.970,0	13.908,0
ARAUCANIA	5,0	8,0	13,0
DE LOS LAGOS	3,0	2,0	5,0
METROPOLITANA	1.681,0	8.999,0	10.680,0
TOTAL NACIONAL	26.550,0	85.506,0	112.056,0

Fuente: SERVICIO AGRÍCOLA Y GANADERO
División Protección Agrícola Viñas y Vinos

PRODUCCIÓN DE VINOS 2005 POR REGIONES (HL.)

REGIÓN	Vinos con DO.	Vinos sin D.O.	Vinos de Mesa	Total
III	0	0	0	249
IV	213.051	23.235	48.692	284.978
V	130.876	360	19.256	150.492
VI	2.188.547	113.962	199.373	2.501.882
VII	3.015.836	661.611	62.729	3.740.177
VIII	16.051	159.426	0	175.476
R.M.	738.851	97.854	204.454	1.041.158
Total	6.303.212	1.047.796	534.503	7.885.510

La producción de vinos en 2005, considerando los vinos con D.O. , sin D.O., y de mesa, alcanzó un volumen de siete millones ochocientos ochenta y cinco mil hectolitros, superior en un 25,2 % a la de 2004, que fue seis millones trescientos mil setecientos treinta y seis hectolitros. La viticultura chilena supone el:

— 1,2 % del PIB nacional.

— 2.2 % del volumen de exportaciones nacionales.

— Ranking Internacional: decimoprimero en super-ficie, con ciento doce mil cincuenta y seis hectáreas de vides plantas para la producción de vino. El 80% corresponden a las clásicas variedades productoras de vinos.

— Ranking Internacional: décimo en producción, con seis millones trescientos mil hectolitros (2005).

— Ranking Internacional: quinto país exportador, con cuatro millones siento setenta mil hectolitros (2005).

— Ranking Internacional: primero en la relación Exportación / producción, con un 66% de volumen exportado.

Cifras generales (Fuente: Wines Of Chile)

EVOLUCIÓN DE LA PRODUCCIÓN DE VINOS. AÑOS 1996/2005. (HL.)

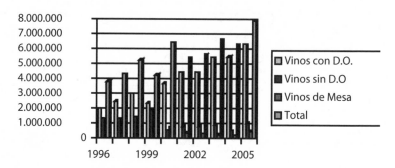

El fuerte desarrollo que ha tenido el sector vitivinícola chileno en las últimas décadas, ha generado expectativas para inversionistas extranjeros. Según estadísticas de la Asociación de Viñas de Chile, en los últimos veinticuatro años, alrededor de cuarenta sociedades vitivinícolas nacionales se han asociado con empresas foráneas.

La estrategia de estos inversionistas ha sido, por lo general, concentrarse en las llamadas viñas boutiques, caracterizadas por sus bajos volúmenes de producción pero que elaboran vinos de alta calidad, con precios superiores al promedio nacional.

ARGENTINA

Nunca se valorará suficientemente el papel de la iglesia evangelizadora en el desarrollo de la vitivinicultura americana. En Argentina es el padre Juan Cidrón el responsable de la propagación de la vid. Viajó desde Chile, atravesando los Andes por La Serena. Dificultades de todo tipo no le hicieron desistir y, por fin, en 1556, llegó a Santiago del Estero para desempeñar su misión parroquial. En su escaso equipaje figuraban no sólo los atributos propios de su dogmática misión. Junto con la cruz, el misal, el sagrado cáliz, las prendas talares y los ornamentos litúrgicos iban, también, un puñado de estaquillas que plantó nada más llegar.

Cuando se funda Mendoza y San Juan, más al sur, las cepas de Juan Cidrón ya daban frutos.

A las provincias Salta y Catamarca, al norte y oeste de Santiago del Estero, las vides llegaron desde Perú.

Como ya se ha comentado, los lagares se construían con los materiales más próximos. Si en el Chile Cisandino se usaba la madera, el ladrillo y la teja, en el Chile Trasandino predominaba el lagar de cuero. La explicación se encuentra, fundamentalmente, en la disponibilidad de los materiales: en el Valle Central, con un régimen de precipitaciones anuales de ochocientos litros por metro cuadrado, la madera es abundante. Sin embargo, en Mendoza, donde la pluviometría no suele sobrepasar los doscientos litros por igual superficie y periodo, lo que los colonizadores tenían más a mano eran los cueros del ganado que llegaba desde las pampas rioplatenses.

Es difícil imaginar lo que pensaría un mediterráneo familiarizado con la elaboración de vinos al ver, por vez primera, uno de estos artilugios de cuero de vaca o de buey suspendido por gruesos horcones de madera. Debían ser útiles ya que se siguieron utilizando hasta el siglo XIX. Prueba de ello es que en la Hacienda de don José Albino Gutiérrez, el establecimiento vitivinícola más grande y moderno de Mendoza en ese momento (1831), existían tres lagares tradicionales, de seis cueros con sus respectivos armazones de madera, que convivían con la tecnología más moderna de aquella época.

CUYO

Cuyo es la región que agrupa a las provincias de Mendoza y San Juan. Están situadas en el centro occidental del país, lindando con Chile. Mendoza se encuentra doscientos kilómetros al este de la cordillera de los Andes, frente a Santiago de Chile. Desde esta ciudad partieron los conquistadores que fundaron Mendoza en 1561. Durante más de dos siglos, Mendoza sería la capital de la provincia de Cuyo, perteneciente al Reino de Chile (1561-1776). Más tarde fue segregada de Chile para sumarse al Virreinato del Río de la Plata. A partir de 1810, Mendoza pasó a formar parte de las Provincias Unidas que luego tomarían el nombre de República Argentina.

En las últimas décadas del XVI y primeras del XVII se plantaron en Mendoza las primeras cepas y se instalaron los rudimentarios lagares antes descritos. Algunas de aquellas viñas alcanzaron dimensiones considerables para la época, teniendo en cuenta que en su primer siglo de historia, Mendoza no pasaba de «sesenta vecinos», es decir, jefes de familia. Hacia el comienzo del segundo tercio del siglo XVII se calculaba que la población hispano criolla ascendía a unas trescientas almas; si se suman los indios, esclavos y sirvientes, se llegaría a un total de mil habitantes. El progreso de Mendoza, desde el punto de vista de la población, fue muy lento en los primeros años de su historia, debido a la aridez del clima y la situación de aislamiento que sufría la capital cuyana. No obstante ello, aún en esas precarias condiciones, los vecinos de la ciudad pusieron rápidamente en marcha la industria vitivinícola, y llegaron a levantar bodegas de grandes dimensiones.

LOS PRECURSORES

La bodega más antigua registrada en Mendoza es la de don Alonso de Reinoso (siglo XVI). Alonso de Reinoso llegó a Mendoza procedente de Santiago de Chile poco después de que la fundara Juan Jufré. Durante catorce años vivió en esta ciudad y realizó un intenso trabajo de fomento de la agricultura y la industria. Plantó una viña con «5.000 plantas, cercada de tapias» y una bodega con capacidad de cinco mil quinientos litros de vino. Así consta del testamento que Reinoso redactó en 1588.

Otro destacado empresario vitivinícola fue don Alonso de Videla cuya bodega alcanzó dimensiones notables. En efecto, hacia 1618 su bodega tenía setenta y cinco mil litros de vino, pues almacenaba las cosechas del año en curso y de la vendimia anterior. En sus viñedos trabajaban unas veinte personas; la cosecha demandaba un mes, mientras que las tareas culturales posteriores (cavar, sarmentar y podar) requerían otros dos meses de trabajo.

Como en el resto de los países americanos, el cometido agroindustrial de las órdenes religiosas fue relevante. Los conventos se convirtieron en auténticas escuelas de Enología. A finales del XVII eran los propietarios de los más importantes viñedos y bodegas. Como ya se ha comentado, especial importancia tuvo la labor de los Jesuitas que introdujeron los últimos adelantos técnicos en sus haciendas y comenzaron a proveer de vinos a Buenos Aires. Los Agustinos tuvieron, también, un destaco papel en la elaboración de los caldos cuyanos.

En 1618 se registró «la primera autorización de entrada a Buenos Aires de vinos y aguardientes de Mendoza». Las rutas y mercados que se abrieron entre 1580 y 1624 se consolidaron en la centuria siguiente. A partir de estas fechas, en competencia con los vinos chilenos y paraguayos, las bodegas mendocinas comenzaron la conquista del mercado bonaerense. Hay que considerar que la distancia superaba los mil kilómetros y que los costes de transporte eran elevadísimos.

Sin embargo, en 1686 un comerciante español aseguró que anualmente salían de Mendoza y San Juan, rumbo a Buenos Aires, entre siete mil y ocho mil botijas de caldos, equivalentes a entre catorce mil y dieciséis mil arrobas. De acuerdo a las estimaciones de Coria, en 1705 llegaban anualmente treinta carretas de vinos de Mendoza a Santa Fe y sesenta a Buenos Aires. Ello implicaba un tránsito de mil ochocientas botijas anuales. En el siglo XVII, los viticultores cuyanos subieron sus exportaciones anuales al Río de la Plata de cero a doscientos cincuenta mil litros anuales de vino y aguardiente. Este avance se realizó en detrimento de las exportaciones del Paraguay, cuya vitivinicultura retrocedió velozmente.

Como afirma el tantas veces citado Pablo Lacoste, en 1739 Mendoza tenía una población de tres mil almas, aproximadamente. La mitad eran indígenas; un cuarto eran negros y el cuarto restante formaba la población blanca, entre setecientos y ochocientas personas, agrupadas en ciento cincuenta familias, aproximadamente. El inventario de sus bienes y propiedades demostró que ciento cinco de ellos poseían viñas. Este registro permitió detectar con claridad el estrecho lazo entre la vitivinicultura y la generación de riqueza en la Mendoza colonial. La viticultura estaba presente entre 70% de los ciento cincuenta empresarios más prósperos de Mendoza, y en el 100% de los que ocupaban la cima de esta pirámide, incluyendo los dieciséis más ricos. A pesar de hallarse a más de mil kilómetros de sus mercados, y de carecer de medios modernos para llegar hasta ellos, los mendocinos ya eran, claramente, un pueblo centrado en la vid y el vino.

Continuando con la información ofrecida por excelente estudio realizado por Lacoste, también se conoce la cantidad de plantas existentes en Mendoza en el siglo XVIII. Por los datos del censo de 1739 se sabe que existían ciento cinco viticultores laicos. La búsqueda de las propiedades de cada uno de ellos en los Protocolos de Escribanos reveló la existencia de quinientas cincuenta mil plantas de vid en Mendoza. Las viñas en manos religiosas eran también relevantes. La más importante era la Hacienda de los Jesuitas que poseía cincuenta mil cepas en 1767. Después de su expulsión, fue adquirida por el portugués José Rodríguez de Figueredo.

Fuera de esta notable propiedad, había otras de singular valor. El Convento de San Agustín, heredero de don Juan Amaro, poseía aproximadamente treinta mil plantas; de acuerdo al Censo de viñas del 13 de julio de 1786, el Convento de Santo Domingo poseía tres cuadras de viñas (nueve mil plantas), los Padres Betlehemitas otras cinco cuadras (quince mil plantas) y el Convento de La Merced poseía dieciséis cuadras de siembras, incluyendo una viña importante. En total, las órdenes religiosas cultivaban entre ciento veinte mil y ciento treinta mil cepas. Por lo tanto, la producción de Mendoza en el siglo XVIII, considerando tanto las viñas propiedad de laicos como las eclesiásticas, se ubicaría cerca de las seiscientas cincuenta cepas.

LA CONSTRUCCIÓN DEL
FERROCARRIL A BUENOS AIRES

La llegada del ferrocarril de Buenos Aires a Mendoza (1885) modificó drásticamente la situación. A partir de entonces, se produjo el gran y rápido desarrollo de la industria vitivinícola. Los viñedos se expandieron a una velocidad sin precedentes. Aumentaron las bodegas y la capacidad productiva. La vitivinicultura argentina comenzó a avanzar con gran celeridad, y llegó a alcanzar, en volúmenes, a la chilena para luego duplicarla. La afluencia masiva de inmigrantes europeos influyó, también, en esta expansión. Además de incorporarse al país una población tradicionalmente consumidora de vino, se produjo una notable mejora técnica por la contratación de enólogos europeos que modernizaron los métodos de elaboración y de crianza de los vinos argentinos.

A principios del siglo XX se produjo el cambio de liderazgo vitivinícola en América. Después de doscientos años como principal potencia vitivinícola continental, Chile vio como el cetro cruzaba la cordillera para asentarse en la capital cuyana.

Mendoza es actualmente la primera potencia vitivinícola de América Latina y la quinta del mundo, con ciento cuarenta mil hectáreas de viñedos y centenares de bodegas, muchas de ellas exportadoras. Tras Mendoza, la provincia de San Juan ocupa el segundo lugar en superficie de viñedo con unas cuarenta mil hectáreas.

Le siguen en importancia las de la región del noroeste (La Rioja, Catamarca, Salta y Jujuy), las de la región sur (La Pampa, Neuquén y Río Negro) y, por último, la región centro con las provincias de Córdoba y San Luis.

Como en Chile, las variedades principales, tanto blancas como tintas, son de origen francés junto con alguna alemana y la Torrontés española. Más del 70% de la superficie se cultiva es espaldera y con riego.

La mejora de la calidad ha abierto nuevos mercados a los vinos argentinos que, como los chilenos, afianzan cada vez más sus exportaciones. En el caso concreto de Argentina, la comercialización con destino a otros países viene a paliar el descenso en el consumo interno que ha pasado de noventa litros per cápita en 1970 a treinta y nueve litros en el 2002.

De todas formas, gracias al programa de promoción «Vinos de Chile», el gobierno chileno aspira a alcanzar, en pocos años, un volumen de exportación equivalente a los mil millones de dólares. Mientras, en 2003, el valor de los vinos argentinos comercializados fuera de sus fronteras ascendía sólo a ciento setenta millones de dólares. Aunque este país produce el doble que Chile, los empresarios chilenos exportan cuatro veces más.

Finalizo con el criterio del tantas veces citado Pablo Lacoste, «En caso de coronarse con éxito estas acciones, y si la viticultura argentina no logra detener la caída del consumo interno ni sustituirlo con mercados externos, es posible que en el siglo XXI se produzca un nuevo desplazamiento del liderazgo vitivinícola de América Latina: el cetro cruzaría una vez más la cordillera para salir de Argentina y regresar a Chile, el mismo lugar donde estuvo en los siglos XVIII y XIX. De todos modos, los viticultores argentinos han constituido una formidable fuerza económica, social y cultural, que no va a resignar su liderazgo sin librar una dura batalla».

EVOLUCIÓN DE LOS POLOS VIIVINICOLAS
EN EL CONO SUR (SIGLOS XVI-XX)

SIGLOS	CHILE	PERÚ	PARAGUAY	CUYO	BRASIL
XVI-XVII	N° 1 230.000 hl 12.000.000 cepas	N° 2 150.000 hl 7.000.000 cepas	N° 3 40.000 hl 2.000.000 cepas	N° 4 4.000 hl 200.000 cepas	-
XVIII	N° 2 crecimiento bajo	N° 1 15.000.000 cepas	N° 4 declina	N° 3 1.300.000 cepas	-
XIX	N° 2 Crecimiento cepas	N° 1 19.600.000 cepas	-	N° 3	N° 4
XX	N° 4 98.000 hl 2.000 has	N° 2 2.700.000 hl 85.000 has	-	N° 1 3.000.000 hl 50.000 hs	N° 3 320.000 hl 6.000 has
2000	N° 4 600.000 11.000 has	N° 2 6.400.000 hl 107.000 has	-	N° 1 11.000.000 hl 180.000 has	N° 3 3.700.000 hl 58.000 has

Fuente: Pablo Lacoste a partir de: Del Pozo (1989); Boletín del Centro Vitivinícola Nacional (1908); Coria (1989); Archivo Histórico de Mendoza, testamentos de viticultores mendocinos del siglo XVIII (Protocolos de Escribanos); De Angelis, Pedro.

BIBLIOGRAFÍA

BAIGORRI ANGUIANO, J Y OTROS (1983) *La cata de vinos*. Editorial Agrícola Española. Madrid.

BRANAS, J. (1974) *Viticulture*. Dehon. París.

CABALLERO BONALD, J.M. (1988) *Breviario del Vino*. Mondadori España. Madrid.

DELGADO, F. (1997) *Vino y Religiones. En torno al vino*. Consejo Regulador Montilla Moriles. Córdoba.

DÍAZ ALONSO, A.L. Y LÓPEZ ALEJANDRE, M.Mª (1988) *Los Vinos de Córdoba*. C.P. de Ahorros de Córdoba.

GARCÍA DE LUJÁN, A., PUERTAS GARCÍA, B Y LARA BENÍTEZ, M. (1990) *Variedades de vid en Andalucía*. Junta de Andalucía. Consejería de Agricultura y Pesca.

HIDALGO FERNÁNDEZ-CANO, L. Y GALET P. (1988) *Cuaderno de Ampelografía. Enciclopedia del Vino*. Orbis. Barcelona.

HIDALGO FERNÁNDEZ-CANO, L. (1993) *Tratado de viticultura*. Mundi-Prensa. Madrid.

HIDALGO FERNÁNDEZ-CANO, L. y otros (1992) *La viticultura americana y sus raíces*. Ministerio de Agricultura, Pesca y Alimentación. Madrid.

JOHNSON, H. (1983) *El Vino*. Folio. Barcelona.

LACOSTE, PABLO (2004) *La vid y el vino en América del Sur: el desplazamiento de los polos vitivinícolas* (siglos XVI al XX) Revista Universum Nº19 Vol.2: 62 — 93, 2004 Universidad de Talca. Chile.

LÓPEZ ALEJANDRE, M. Mª Y OTROS (1997) *Los vinos de Montilla-Moriles en Jaén*. CajaSur. Córdoba.

LÓPEZ ALEJANDRE, M. Mª (1992) *Los vinos del Sur*. CajaSur. Córdoba.

MARCILLA ARRAZOLA, J.(1967) *Tratado práctico de Viticultura y Enología Españolas*. Saeta. Madrid.

MARRO, M. (1989) *Principios de Viticultura*. Ceac. Barcelona.

MARECA CORTÉS, I. (1968) *Enología. Enfoques científicos y técnicos sobre la vid y el vino*. Editorial Alhambra. Madrid.

MARTÍNEZ DE TODA, F. (1991) *Biología de la vid*. Mundi Prensa. Madrid.

MARTÍNEZ ZAPORTA, M. E HIDALGO FERNÁNDEZ-CANO, L. (1955) *La poda de la vid*. Pegaso. Madrid.

ORTEGA Y GASSET, J. (1944) *Teoría de Andalucía y otros ensayos*. Revista de Occidente. Madrid.

PEÑÍN, J. (1997) *Cepas del mundo.* Pi&Erre. Madrid.

PEYNAUD, E. (1987) *El gusto del vino.* Mundi Prensa. Madrid.

PEYNAUD, E. (1984) *Enología práctica. Conocimiento y elaboración del vino.* Ediciones Mundi Prensa. 2º Edición.

PLASENCIA, PEDRO (1994) *Los vinos de España vistos por los viajeros románticos.* Ministerio de Agricultura, Pesca y Alimentación. Madrid.

PONFERRADA GÓMEZm J y PONFERRADA, J.A. (2005) *Glorias del amontillado.* Montilla.

QUIRÓS CARRASCO, JOSÉ MARÍA (1958) *El jerez de siempre: unas notas divulgadoras sobre el empleo enológico del yeso.* Jerez Gráfico. Jerez.

REYNIER, A. (1989) *Manual de Viticultura.* Mundi-Prensa. Madrid.

RUIZ HERNÁNDEZ, M. (1994) *Crianza y envejecimiento del vino tinto.* A. Madrid Vicente. Madrid.

RUIZ HERNÁNDEZ, M. (1995) *La cata y el conocimiento de los vinos.* A. Madrid Vicente. Madrid.

Hijo y nieto de bodegueros, Manuel María López Alejandre ha dedicado su vida profesional y, nos atrevemos a añadir, personal, al mundo del vino. Compagina sus amplios estudios enológicos con una visión íntima, recóndita, afectiva, de todo lo que concierne a la viña y a la bodega. Autor de catorce textos relacionados de una u otra forma con la Enología y coautor de otros tantos, López Alejandre es también articulista y conferenciante cotidiano. Es Ingeniero Técnico INEA y Enólogo; Secretario del Consejo Regulador de la Denominación de Origen Montilla-Moriles, Medalla de Oro de la Federación Española de Enólogos; Comendador de la Orden del Mérito Agrícola; fundador de la Unión Española de Catadores, de la Academia del Vino y de la de Gastronomía de Andalucía, de la Conferencia Española de Consejos Reguladores Vitivinícolas y de otras asociaciones relacionadas con el vino; Presidente del Aula del Vino de Córdoba; asesor del Instituto de Cooperación Iberoamericano; asesor en materia de armonización vitivinícola en el tratado de preadhesión de Rumania a la UE, miembro de la AEPEV y de la Real Academia de Ciencias, Nobles Artes y Bellas Letras de Córdoba.

Acabose de imprimir la primera edición de esta obra el 15 de septiembre de 2007. Tal día del año 1933, se produce el reconocimiento de la denominación de origen de los vinos «Manzanilla-Sanlúcar de Barrameda».